W0192036

DIGITAL **MENSCH** BLEIBEN

VOLKER JUNG

DIGITAL

MENSCH

BLEIBEN

 claudius

Umschlaggestaltung: Weiss Werkstatt, München
Umschlagabbildung: © shutterstock/Sentaline
Layout: Mario Moths
Gesetzt aus der Sabon LT und DIN Next LT Pro
Druck: GGP Medien GmbH, Pößneck

ISBN 978-3-532-62826-3

INHALT

DIGITALBIOGRAFISCHE
EINSTIMMUNG

PAULA ist im Februar 2018 geboren. Statistisch hat sie gute Chancen, das Jahr 2100 zu erleben. Wie wird die Welt dann aussehen? Vielleicht werden die Autos von den Straßen verschwunden sein. Es gibt sich selbst steuernde fliegende Fahrzeuge, die allen zur Verfügung stehen. In den Innenstädten gibt es keine Probleme mehr mit Parkplätzen und Feinstaub. Aus den Straßen sind längst überall Radwege geworden. Weil es gesund ist, wurde das Radfahren beibehalten. Die Räder sind herkömmliche Räder oder digital gesteuerte High-Tech-Bikes. Paula ist es gewohnt, die technischen Geräte im Haushalt über Sprachanweisungen zu steuern. Manches machen die Geräte auch längst selbst. Die Waschmaschine erkennt die

Kleidungsstücke und wählt das richtige Waschprogramm aus.

Paula ist mein Enkelkind. Ich habe meinen ersten Computer 1987 gekauft. Da war gerade Paulas Mutter geboren. Der Computer war für mich erst einmal eine sehr komfortable Schreibmaschine. Meine Examensarbeit hatte ich noch mit einer ganz normalen Schreibmaschine, nicht einmal elektrisch, getippt. Dann gab es Schreibmaschinen, in denen man ungefähr eine Zeile abspeichern und im Display bearbeiten konnte. Der Computer war da etwas ganz anderes. Die Bedienung war nicht ganz einfach. Um Dateiverzeichnisse anzulegen und zu verwalten, habe ich ein paar DOS-Befehle gelernt und so direkt auf der Ebene des Betriebssystems gearbeitet. Programmieren habe ich nicht gelernt, obwohl ich mir immer mal wieder überlegt hatte, das zu tun. Als Paulas Mutter zwei Jahre alt war, saß sie schon hin und wieder mit mir vor dem Computer. Wir haben auf einer Piano-Tastatur mit der Maus geklimpert oder mit dem Malprogramm „Paint" herumgespielt. Der Bildschirm war zweifarbig – beim ersten Computer schwarz und grün, beim zweiten schwarz und bernsteinfarben. Bei der Arbeit an meiner Doktorarbeit habe ich Texte in den Computer geschrieben – irgendwann war es mit ergänzenden Zeichensätzen möglich, auch Hebräisch und Griechisch zu schreiben. Für bibliografische Arbeiten benutzte ich ein einfaches Datenbankprogramm. Ein nächster Entwicklungsschritt war dann die Steuerung über Bildschirmsymbole. Als mir ein Freund Mitte der 90er-Jahre erstmals zeigte, wie das Internet funktioniert, war ich skeptisch, ob sich das durchsetzen würde. Das Einwählen über ein Modem hat mal funktioniert, mal nicht. Der damalige Telekom-Chef Ron Sommer hat bekanntlich gesagt: „Das Internet ist eine Spielerei für Computerfreaks, wir sehen darin keine Zukunft." Es kam anders. Irgendwann wurden fleißig E-Mails geschrieben und das Internet war so selbstverständlich, dass es zum Nachteil wurde, in einer Region zu leben, die keinen schnellen Zugang zum Internet hatte. Als Paulas Mutter Abitur machte, war nicht nur Internet selbstverständlich. PowerPoint-Präsentationen gehörten zum Schulalltag und durften auch als Prüfungsleistung erbracht werden. Längst hatte sich auch die mobile Kommunikation geändert. Es gab Handys, mit denen nicht nur telefoniert, sondern eifrig „gesimst" wurde. Aus den Handys wurden Smartphones – hoch leistungsfähige Kleincomputer, die Telefon, Kamera, Rechner und vieles mehr sind. Die aber vor allem einen ständigen Zugang zum Internet ermöglichen. Vor allen Dingen durch die Messenger-Dienste und die sozialen Netzwerke haben sich die Kommunikationsmöglichkeiten enorm ausgeweitet. In der Familiengruppe von WhatsApp gibt es fast täglich ein neues Paula-Bild. So sind die Großeltern als „digital immigrants" (digitale Einwanderer) über die „digital native"-Eltern bestens über die Entwicklungsschritte der Digital Natives 2.0 (oder sind die ganz Kleinen jetzt schon 3.0?) informiert. Welche Veränderungen diese neue Generation dann in 30 oder 60 Jahren oder um die Jahrhundertwende beschreiben wird, ist kaum wirklich zu sagen.

Und mit Prognosen möchte ich mich zurückhalten. Ich lag damals beim ersten Kontakt mit dem Internet gründlich schief. Allerdings ist zu erkennen, dass die Veränderungen sehr groß sein werden. Und vor allen Dingen werden sie wohl sehr viel schneller kommen als das, was ich als meine Digital-Biografie beschrieben habe. Aus der Biografie ist vielleicht zu erkennen, dass ich kein Technik-Freak war und bin, der auf jede neue Entwicklung sofort einsteigt. Aber als aufgeschlossen und auch experimentierfreudig würde ich mich schon bezeichnen. Mittlerweile ist mein Tabletcomputer für mich fast unentbehrlich geworden. Ich lese nicht nur Tageszeitungen auf dem Tablet, ich nutze es permanent, um aktuelle Nachrichten zu verfolgen, morgens die Tageslosung und den täglichen Bibeltext zu lesen, E-Mails zu beantworten und mir über das Netz Informationen zu beschaffen. Ich habe neue Technik immer sehr gerne genutzt, wenn ich den Eindruck hatte: Das hilft mir jetzt bei meiner Arbeit und bei der Kommunikation. So halte ich es auch heute. Zögerlich war ich bei Facebook, weil ich dachte, dass es zu viel Zeit beansprucht. Seit zwei Jahren nutze ich Facebook, und zwar als sogenannte „Person des öffentlichen Lebens". Ich poste in meiner Funktion als Kirchenpräsident und habe es ganz gut in meine Arbeit integrieren können. Was dort zu lesen ist, schreibe ich selber. Die Öffentlichkeitsarbeit unserer Kirche unterstützt mich nur insofern, als sie für Bilder sorgt und Verweise auf andere Berichterstattungen hinzufügt.

Die digitale Technologie hat Kommunikation verändert und damit für sehr viele Menschen auch das tägliche Leben. Das ist offenkundig. Digitalisierung ist allerdings weitaus mehr. Digitale Technologie durchdringt nahezu alle Lebensbereiche. Deshalb wird sich vieles weiter verändern. Büros sind schon lange ohne Computer nicht mehr vorstellbar. Aber die Entwicklung geht weiter. Viele Routineaufgaben, aber nicht nur die, können von Systemen erledigt werden, die über sogenannte Künstliche Intelligenz (KI) gesteuert werden. Dies wird die Arbeitswelt verändern, und zwar nicht nur in den großen Fabrikhallen der industriellen Fertigung. Unsere unmittelbare Lebenswelt in unseren Wohnungen und Häusern wird immer digitaler werden. In der Medizin geschieht bereits vieles, Diagnose und Behandlung in Krankenhäusern und Arztpraxen werden sich wandeln. Es eröffnen sich großartige Möglichkeiten – manches, wovon Menschen immer geträumt haben. Zugleich macht das auch vielen Menschen Angst. Wo wird das hinführen? Machen wir uns als Menschen vielleicht sogar selbst überflüssig? Werden uns die Maschinen, die wir bauen, irgendwann beherrschen?

Ich bin überzeugt: Es ist richtig, solche Fragen zu stellen und Digitalisierung nicht einfach geschehen zu lassen. Sie muss gestaltet werden. Deshalb sollte mehr darüber nachgedacht und geredet werden. Es muss auch manches geklärt und entschieden werden. Mit diesem Buch möchte ich dazu einen Beitrag leisten. Was ich anbiete, ist ein Versuch, besser zu verstehen, was durch die Digitalisierung geschieht, und klarer zu erkennen, wo und wie wir handeln müssen. Ich schreibe nicht als Fachmann für Digitalisierung, sondern als Theologe und Pfarrer in einer kirchenleitenden Funktion. Dies mache ich, weil die Digitalisierung natürlich auch die Kirche herausfordert. Aber das steht für mich hier nicht im Vordergrund. Ich bin überzeugt, dass mit der Digitalisierung Grundfragen menschlichen Lebens berührt sind. Und darauf gibt es auch eine theologische Sicht, die ich für hilfreich und orientierend halte.

Im ersten Abschnitt beschreibe ich, warum die Digitalisierung eine so große Veränderungskraft hat. Mit der Digitalisierung sind sehr weit gespannte Erwartungen, ja sogar Erlösungsfantasien verbunden. Darum geht es im zweiten Kapitel. Der dritte Teil nimmt Entwicklungen in der Kommunikation, der Lebens- und Arbeitswelt, der Medizin und der Künstlichen Intelligenz in den Blick. Am Ende skizziere ich, was uns als Einzelne und als Gesellschaft herausfordert, und mache auch Vorschläge, was meines Erachtens zu tun ist.

WARUM DIE DIGITALE VERÄNDERUNG SO VIEL KRAFT HAT

Energie aus dem Tal

„Die digitale Revolution ist keine Frage, die man bejaht oder verneint, sie findet statt. Und sie ist noch wirkmächtiger als die industrielle Revolution des 19. Jahrhunderts – vor allem ist sie sehr viel schneller. Ihre Geschwindigkeit ist atemberaubend."[1] Das hat Bundespräsident Frank-Walter Steinmeier in einem Focus-Interview am Anfang dieses Jahres gesagt. Revolution ist ein starkes Bild. Es zeigt an, dass sich etwas grundlegend verändert und dass hier eine große Veränderungsdynamik wirksam ist. Wer betonen will, dass die Veränderung ein längerer Prozess ist, spricht lieber von „digitaler Transformation". Aber auch damit ist angezeigt, dass es um grundlegende Veränderungen geht. Welche Kräfte sind wirksam?

Die Dynamik der Veränderung hat einen Ursprungsort. Es ist das Silicon Valley – jener Landstrich an der Westküste der Vereinigten Staaten in der Nähe von San Francisco. Im Silicon Valley „schlägt das Herz der Digitalisierung"[2]. Dort haben die großen Firmen Apple, Google und Facebook ihren Sitz. Geschätzt etwa dreißigtausend sogenannte Startups arbeiten daran, ihre Ideen in Produkte umzusetzen. Viele träumen davon, selbst Bahnbrechendes zu entwickeln. In der Sprache des Valley sind das „Moonshots" (Mondschüsse), die im Idealfall aus dem Startup ein „Unicorn" (Einhorn) werden lassen. „Unicorns" sind Unternehmen, die mindestens eine Milliarde Dollar wert sind.

Verschiedene Faktoren haben aus dem Silicon Valley einen ziemlich einzigartigen Ort gemacht. Da sind die beiden Elite-Universitäten Stanford und Berkeley, die im 19. Jahrhundert gegründet wurden. Beide Universitäten haben hervorragende Köpfe hervorgebracht. Um die Stanford Universität entstand in den 50er-Jahren des 20. Jahrhunderts ein eigener Industriepark. Hier haben große Elektronikunternehmen wie Hewlett-Packard ihren Ursprung. Bedeutsam ist ebenfalls, dass mitten im Silicon Valley das Moffet Federal Airfield liegt. Das wurde 1933 gebaut und im 2. Weltkrieg zu einem zentralen Militärflughafen. Um das Airfield herum haben sich dann Rüstungs- und Technologiekonzerne angesiedelt, die später auch für die Raumfahrt arbeiteten. Die ersten Computer Mitte des 20. Jahrhunderts waren Großcomputer, die vom Militär und großen Unternehmen genutzt wurden. Gern wird mit Blick auf jene Anfänge die herrliche Fehleinschätzung des IBM-Vorsitzenden Thomas Watson aus dem Jahr 1943 zitiert. Er soll gesagt haben: „Ich denke, es gibt einen Weltmarkt für vielleicht fünf Computer." Dass es ganz anders kam, hat dann auch mit einer Entwicklung in den 60er- und 70er-Jahren des vergangenen Jahrhunderts zu tun. Sie ist bis heute für die

Mentalität und die Arbeitsweise im Silicon Valley prägend.

Die 60er- und 70er-Jahre waren die Zeit, in der viele junge Menschen nach Freiheit, Emanzipation, Gerechtigkeit und Frieden suchten. Einige davon arbeiteten daran, die Computertechnologie für möglichst viele Menschen nutzbar zu machen. Dazu gehörten unter anderem Bill Gates und Steve Jobs. Der gemeinsame Gegner hieß anfangs IBM. Im Silicon Valley gab es so etwas wie eine antimonopolistische Gegenbewegung. Diese wiederum wurde dann von IBM mit der Produktion von PCs beantwortet. Sehr bald war allerdings auch den Idealisten im Silicon Valley, die anfangs ihre Ideen und ihre Software in Computer-Clubs miteinander teilten, klar, dass sie damit gut Geld verdienen können würden. Die Geschichte ist im Einzelnen sehr spannend. Hier will ich mich aber schlicht damit begnügen, an die Ideale des Anfangs zu erinnern. Denn – das ist der Grund für diese Reminiszenz – sie sind durchaus noch wirksam. Sie sind längst eingebettet in knallharte

Ökonomie mit Monopolisierungsansprüchen. Was entwickelt wurde, war höchst einträglich. Bill Gates wurde mit Microsoft zu einem der reichsten Menschen unserer Zeit. Und Steve Jobs hat Apple in schwindelerregende Erfolgshöhen geführt.

Um Digitalisierung zu verstehen, ist es aufschlussreich, sich klarzumachen: Hinter der Entwicklungsdynamik, die natürlich längst nicht mehr nur im Silicon Valley zu finden ist, stecken Ideale. Das ist plakativ etwa erkennbar im Motto von Google: „Don't be evil!" („Sei nicht böse!"). Auch im Unternehmen selbst gab es Debatten darüber, ob dies nicht zu naiv sei. Larry Page, einer der Gründer von Google, macht allerdings immer wieder deutlich, was ihn antreibt: „Wir denken viel über grundlegende Problemfelder der Menschheit nach und wie wir sie durch Technologie lösen können."[3] Und angeblich hat er in seinem Büro eine Liste mit den wichtigsten Problemen der Menschheit, die er nach und nach abarbeiten möchte. Was Larry Page beschreibt, ist durchaus eine

Grundmotivation im Silicon Valley. Es geht darum, Produkte zu entwickeln, die für Menschen nützlich sind und deshalb das Leben und die Welt verbessern.

Darüber, ob das Nützliche die Welt verbessert, lässt sich selbstverständlich streiten. Im Silicon Valley grenzen sich jedenfalls viele von den Investmentbankern an der Ostküste ab. „Wir verdienen nicht Geld mit Geld, sondern mit Nützlichem." Das ist das Selbstverständnis. Sie sind natürlich zugleich davon überzeugt, dass das, was nützlich ist, auch Geld bringt. Noch einmal Larry Page im Originalton: „Schauen Sie, am Anfang wussten wir nicht, wie wir mit der Suchmaschine Geld verdienen sollten, sondern wir haben erst einmal die Technologie entwickelt. Mit dem selbstfahrenden Auto wird es ähnlich sein. Es ist ein Produkt, das Einfluss auf fast die gesamte Menschheit haben wird. Und deswegen wird es auch ein riesiges Geschäft werden. Ich bin mir absolut sicher, dass wir damit ordentlich Geld verdienen werden, auf welche Art auch immer."[4]

Im Silicon Valley gibt es einen ausgeprägten Willen, eingefahrene Bahnen zu verlassen und Neues zu entwickeln. Dabei wird konsequent „nutzerorientiert" gedacht. Wer ein wenig in die Gedankenwelt des Silicon Valley eintaucht, erfährt schnell: Da sind viele bereit, immer wieder Neues zu probieren. Dazu gehört, dass es nicht als Schande verstanden wird zu scheitern. Wer scheitert, muss sagen können: „Dies oder jenes habe ich gelernt. Das mache ich beim nächsten Mal besser. Ich fange etwas Neues an." Die Haltung ist: „Learn fast, fail fast."

Im Jargon des Silicon Valley heißt das „Disruption". Bisherige Lösungen werden nicht nur infrage gestellt, sie sollen durch neue ersetzt werden. Das ursprüngliche Firmenmotto von Facebook bringt es auf den Punkt: „Move fast and break things" (Beweg dich schnell und durchbrich die Dinge). Das trägt natürlich eine besondere Dynamik in sich. Um nicht selbst Opfer neuer Technologien zu werden, muss man immer weiter neue Dinge entwickeln. Alle suchen das sogenannte

„Dilemma der Innovatoren" zu vermeiden. Deshalb wird konsequent nutzerorientiert gearbeitet. Die Methode ist das „Design Thinking". Wie Designer dies tun, wird aus der Sicht derer, die das Produkt nutzen, gedacht. Hocheffektiv ist der Weg, aus einer ersten Idee möglichst schnell ein „Minimal Viable Product" (minimal funktionsfähiges Produkt) zu machen und im Kontakt mit Nutzerinnen und Nutzern herauszufinden, ob es angenommen wird und wie es weiterzuentwickeln ist. Charakteristisch ist, dass Neues in der Regel in Teams entwickelt wird. Sicher gibt es herausragende Köpfe und Gründerfiguren. Aber vieles wird in Teams, und zwar oft in internationalen Teams, entwickelt. Gezielt wird darauf gesetzt, dass unterschiedliche kulturelle Herkunft auch neue Zugänge und Ideen eröffnet. Das ganze System würde allerdings nicht funktionieren, wenn die Gründerkultur nicht durch sehr agile Förder- und Finanzierungsmethoden wie etwa die Venture-Capital-Fonds getragen würde.

Ich hatte im vergangenen Jahr die Gelegenheit, bei einer kleinen Studienreise ins Silicon Valley einen Eindruck davon zu bekommen, wie dort gedacht und gearbeitet wird. Mir ging es wie vielen, die zurzeit ähnliche Reisen unternehmen. Das Denken und die Arbeitsweise sind kraftvoll und inspirierend. Und es ist auch zu erkennen, dass so vieles entsteht und weiter entstehen wird, was unser Leben verändert – schlichtweg, weil es nützlich ist und Menschen hilft.

Das ging mir besonders so, als ein junges Startup ein System vorstellte, mit dem eine Wohnung komplett überwacht werden kann. Zielgruppe: Ältere Menschen, die nicht in ein Seniorenheim möchten, sondern gerne in ihrer Wohnung bleiben wollen. Überwachungskameras sind mit einem System gekoppelt, das über Künstliche Intelligenz gesteuert wird. Daten werden nur nach außen gegeben, wenn die Person selbst die Daten nach außen sendet oder das System einen Notfall erkennt. Ich war fasziniert und zugleich tief verunsichert.

Die Dynamik der Veränderung speist sich aus dem Geist, Neues entwickeln zu wollen. Dieser Geist findet sich in wissenschaftlicher Neugier, der Überbietungslogik militärischen Denkens und in Idealen der Weltverbesserung. Wer die Geschichte des Internets erzählt, kann das alles identifizieren. Da stand ganz am Anfang – Ende der 60er-Jahre – das Computer-Netzwerk „Arpanet" (Advanced Research Agency Network), das Forschungseinrichtungen miteinander verband. Auftraggeber war das US-Verteidigungsministerium. Genutzt und weiterentwickelt wurde es dann vor allem von Universitäten. In den 80er-Jahren wurde der Begriff Internet geprägt. 1993 hat die renommierte Forschungseinrichtung CERN in Genf das World Wide Web zur allgemeinen Nutzung freigegeben. Der britische Physiker und Informatiker Tim Berners-Lee hatte dort ein System entwickelt, mit dem man weltweit auf Dokumente zugreifen kann. Danach verlief die Entwicklung bald rasant. Die Nutzung weitete sich enorm aus. Ein neuer gigantischer Raum für Kommunikation und Ökonomie war eröff-

net – mit viel Gutem, aber auch mit hochprob-
lematischen Nutzungen.

Mittlerweile ist nicht nur das Internet sehr viel
schneller geworden und der Zugang zum Internet mobil. Die technische Entwicklung geht
immer weiter voran. Die großen Firmen wie
Facebook und Google arbeiten daran, dass
von jedem Punkt der Erde aus ein Zugang zum
Internet möglich ist. Technische Weiterent-
wicklung wird durch noch leistungsfähigere
Computer forciert. Die Möglichkeit, Daten zu
speichern und zu verarbeiten, wächst exponentiell. Das heißt: Sie weitet sich mit rasanter
Geschwindigkeit aus. Dadurch war es in den
letzten Jahren möglich, die sogenannte Künstliche Intelligenz mit großer Schubkraft weiterzuentwickeln. Der qualitative Unterschied
besteht darin, dass Systeme, die über Künstliche Intelligenz gesteuert werden, nicht nur das
tun, was vorher „einprogrammiert" wurde.
KI-Systeme, so die Abkürzung, können sich
selbstlernend weiterentwickeln.

Wissenschaftliche Neugier und wissenschaftlicher Ehrgeiz, militärische Nutzung, Ideale der Weltverbesserung, die Aussicht auf das große Geld und sich ständig ausweitende technische Möglichkeiten sind gerade in ihrer Kombination sehr starke Kräfte. Sie werden die Welt weiter verändern. Und wir sollten auf jeden Fall genau hinschauen, „was aus dem mächtigsten Tal der Welt auf uns zukommt"[5] – und nicht nur von dort.

WAS MANCHE ERWARTEN
UND HOFFEN

Erlösungsfantasien

Im Frühjahr 2017 war ich von einem großen deutschen Unternehmen eingeladen, bei einem Symposium zum Thema „Arbeiten 4.0" mitzudiskutieren. Vor der Podiumsdiskussion gab es eine Präsentation. Ein sehr dynamischer Präsentator einer Innovationsagentur für Digitale Transformation stellte Robotersysteme vor, die Arbeit leichter machen – in der Firma und auch zu Hause. Seine Botschaft: Wir gehen einer großartigen Zukunft entgegen. Das Leben wird leichter. Die Welt wird mit jedem Tag besser. Voraussetzung: Wir müssen nutzen, was uns die Technik zu bieten hat. Der Präsentator machte seinen Job gut. Viele waren begeistert. In der Diskussion gab es dann auch kritische Töne. Wie wird die Umstellung gelingen? Da fallen doch auch viele Arbeitsplätze weg. Und manchen war gar nicht so wohl bei der Vorstellung, Roboter nicht nur in der Firma zu haben, sondern auch in den eigenen vier Wänden. Ich fragte ihn dann, woher er die Gewissheit nimmt, dass die Welt jeden Tag besser wird. Was ist mit dem Krieg in Syrien? Was ist mit den Flüchtlingen im Mittelmeer? Was ist mit den Menschen, die mit einer sehr kleinen Rente auskommen müssen? Irgendwie hatte ich das Gefühl, dass da jemand in seinem Fortschrittsoptimismus die Augen vor dem verschließt, was in der Welt los ist. Seine Antwort: Ja, die Probleme gibt es. Aber sie werden doch in absehbarer Zeit gelöst. Die großen Linien seien eben die, dass die Welt besser wird. Und die digitale Transformation wird das weiter vorantreiben. Der Präsentator, dessen Firma den schönen Namen „Future Candy" hat, steht nicht allein. Er kann sich auf viele Innovatoren im Silicon Valley berufen. Allen voran – wie wir gesehen haben – Google-Gründer Larry Page.

Einer, der diese Weltsicht in einen größeren Zusammenhang gestellt hat, ist der israelische Historiker Yuval Noah Harari. Er hat in einem viel beachteten und diskutierten Buch ein Zukunftsszenario entworfen. Die Menschen sind dabei, so Harari, mit digitaler Technologie wesentliche Fragen zu lösen und damit tiefe Sehnsüchte zu erfüllen: Alle Menschen werden glücklich, der Tod wird besiegt. Und schließlich: Aus Menschen werden Götter. Der *Homo sapiens*, der wissende, verstehende Mensch, wird zum *Homo deus*, dem göttlichen Menschen. Deshalb heißt sein Buch „Homo Deus. Eine Geschichte von Morgen".[6]

Was Harari darunter versteht, dass aus Menschen Götter werden, beschreibt er so: „Die gesamte Geschichte hindurch sprach man den meisten Göttern nicht Omnipotenz, sondern eher ganz bestimmte übermenschliche Fähigkeiten zu: etwa Lebewesen zu formen und zu schaffen, den eigenen Körper zu verändern, die Umwelt und das Wetter zu steuern, Gedanken zu lesen und aus der Ferne zu kommunizieren, mit hoher Geschwindigkeit unterwegs zu sein und natürlich dem Tod zu entgehen und ewig zu leben. Die Menschen sind gerade eifrig dabei, diese Fähigkeiten zu erlangen und noch ein paar mehr."[7]

Die Menschen werden nach Harari also nicht Gott im Sinn eines allmächtigen Gottes. Sie werden aber Menschen mit göttlichen Fähigkeiten. Dies geschieht nicht nur, indem Menschen digitale Technologie nutzen. Es geschieht auch dadurch, dass Menschen technologisch verändert werden. Wie? Durch Biotechnologie, die ihrerseits digital weiterentwickelt wird. Oder aber durch die Verbindung des Menschen mit Maschinen. Der Fachbegriff hierfür lautet Cyborgs. Er ist eine Zusammensetzung aus dem englischen Begriff *cybernetic organism* (kybernetischer Organismus).

Dass damit viele theologische und ethische Fragen verbunden sind, liegt auf der Hand. Allerdings hält Harari die religiöse Überlieferung in diesen Fragen – um es freundlich zu sagen

– für inkompetent. Er sagt das so: „Was wird mit dem Arbeitsmarkt passieren, wenn künstliche Intelligenz einmal die Menschen bei den meisten kognitiven Aufgaben übertrifft? Welche politischen Auswirkungen wird eine massenhafte neue Klasse von nutzlosen Menschen haben? Was wird mit den Beziehungen, den Familien und den Rentenkassen passieren, wenn Nanotechnologie und regenerative Medizin 80 zum neuen 50 machen? Was wird mit der Gesellschaft geschehen, wenn die Biotechnologie uns in die Lage versetzt, Designerbabys zu bekommen und für eine beispiellose Kluft zwischen Reich und Arm zu sorgen? Die Antworten auf diese Fragen wird man nicht im Koran oder in der Scharia, nicht in der Bibel oder den Analekten des Konfuzius finden, denn im Mittleren Osten des Mittelalters und im alten China wusste niemand etwas von Computern, Genetik oder Nanotechnologie."[8]

In Hararis Zukunftsbeschreibung haben die traditionellen Religionen abgewirtschaftet. An ihre Stelle tritt eine neue Datenreligion, die er

„Dataismus" nennt. In seiner Terminologie wird die „homozentrische" Weltsicht, in der auch die traditionellen Religionen noch einen Platz hatten, von einem „datazentrischen" Weltbild abgelöst.[9] Der „Glauben" der neuen Datenreligion ist der Glaube daran, dass alles, aber auch wirklich alles in dieser Welt, einschließlich des Menschen, als Datenstrom beschrieben werden kann. Was diese neue „Religion" dann bewirkt, wird von ihm aber keineswegs positiv eingeschätzt. Im Gegenteil: „Im 21. Jahrhundert werden wir wirkmächtigere Fiktionen und totalitärere Religionen als jemals zuvor schaffen. Mit Hilfe von Biotechnologie und Computeralgorithmen werden diese Religionen nicht nur jede Minute unseres Daseins kontrollieren, sondern auch in der Lage sein, unseren Körper, unser Gehirn und unseren Geist zu verändern sowie durch und durch virtuelle Welten zu erschaffen. Es wird deshalb immer schwieriger, aber auch immer wichtiger werden, Fiktion und Wirklichkeit sowie Religion und Wissenschaft auseinanderzuhalten."[10]

Hararis Buch provoziert. Es provoziert, sich mit den von ihm beschriebenen Szenarien auseinanderzusetzen, vor allem aber mit dem, was durch die Digitalisierung geschieht. Genau das will er auch. Er nimmt auf der einen Seite den Anspruch, die Welt zu verbessern, auf und ernst. Er zeigt auch, dass dies nicht abwegig ist und damit Erfolge erzielt werden. Die Digitalisierung ordnet er in eine Fortschrittsgeschichte der Menschheit ein. Das ist ein alter geschichtsphilosophischer Gedanke, der davon ausgeht, dass die Menschheit sich und diese Welt immer weiter perfektioniert. Mit dem, was er als „Datenreligion" beschreibt, setzt er selbst ein Gegengewicht. Die Digitalisierung vergöttlicht den Menschen und sie beraubt ihn damit zugleich seiner selbst. Unklar bleibt in Hararis Konstruktion, welche Handlungsspielräume wirklich gegeben sind. Zumindest beinhaltet der Aufruf, sich mit den Entwicklungen auseinanderzusetzen, die Frage, ob dies denn wirklich alles so werden soll, wie er es in seinen Szenarien skizziert. Und, menschliche Entscheidungsfreiheit vorausgesetzt, auch die Aufforderung, korrigierend einzugreifen.

Dazu ist es allerdings nötig, zu erkennen und zu entscheiden, was gut ist und was nicht. Harari hat recht, wenn er sagt, dass uns die religiöse Überlieferung für viele Fragen keine unmittelbare Handlungsanleitung gibt. Er hat aber nicht recht, wenn er denkt, religiöse Überlieferung habe keine Substanz, die hilft, diese Welt und das Leben zu deuten, zu verstehen und so Menschen zu orientieren.

Christinnen und Christen lesen und hören biblische Texte so, dass sie sich hineinziehen lassen in ein Grundverständnis Gottes, der Welt, des Lebens und der Menschen. In ein Grundverständnis, wie es sich in der Geschichte Israels, des Volkes Gottes, und der Geschichte des Jesus von Nazareth und der ersten Gemeinden gezeigt hat. Damit ist die Hoffnung verbunden, dass Menschen auch heute, unter veränderten gesellschaftlichen Bedingungen und mit neuen Herausforderungen, davon erreicht werden.

Nicht dergestalt, dass sich für alle neuen Fragen direkte Handlungsanweisungen in den alten Texten finden ließen. Aber sehr wohl so, dass Menschen durch die alten Texte hindurch, von Gottes Geist geleitet, auch heute erkennen können, was menschliches Leben ist und was gut für dieses Leben ist und was nicht.

Immer und zu allen Zeiten hat sich menschliches Leben und Zusammenleben durch neue Technik, die Menschen geschaffen haben, weiterentwickelt. Und immer und zu allen Zeiten war vieles von dem, was entwickelt wurde, nicht einfach an sich gut oder böse. Entscheidend ist, wie Menschen es genutzt haben. Die Bibel beschreibt nicht, wie Kain seinen Bruder Abel erschlagen hat: ob mit einem Stein oder einem Stock oder einfach mit seinen Händen. Ein Stein, ein Stock, die eigenen Hände sind sehr nützlich, aber sie können auch zur Waffe werden. Das gilt in einem übertragenen Sinn für vieles, was Menschen als Werkzeuge entwickelt haben. Für mich steht außerfrage: Die Digitalisierung eröffnet großartige Möglichkeiten, sie kann aber auch von Menschen in verhängnisvoller Weise genutzt werden.

Die biblischen Texte schärfen den Blick für die besondere Würde des Menschen. Eine klassische Stelle, in der dies auf wunderbare Weise gesagt wird, ist diese: „Was ist der Mensch, dass du seiner gedenkst, und des Menschen Kind, dass du dich seiner annimmst? Du hast ihn wenig niedriger gemacht als Gott, mit Ehre und Herrlichkeit hast du ihn gekrönt" (Psalm 8,5–6).

Hier werden der Mensch und das menschliche Leben nicht aus sich selbst heraus verstanden, sondern von Gott her. Menschen sind Geschöpfe und nicht Schöpfer des Lebens. Sie sind von Gott in außerordentlicher Weise gewürdigt: „wenig niedriger gemacht als Gott"! Das heißt: Sie haben Gaben und Fähigkeiten, um die Welt, die ihnen anvertraut ist, zusammen mit Gott zu gestalten. Sie haben den Auftrag, die Welt „zu bebauen" und „zu bewahren" (1. Mose 2,15). Damit ist verbunden, die gestalterischen Kräfte zu nutzen. Dazu gehören Forschung und Technik. Dazu gehört auch, Lebensverhältnisse zu verbessern, und zwar so, dass diese Welt friedlicher und gerechter wird.

Zugleich markiert die Bibel auch deutlich, dass Menschen verführbar sind, gerade weil sie Kraft haben, die Welt zu gestalten. Sie wollen sein wie Gott und einen Turm bauen, der bis an den Himmel reicht (1. Mose 11,1–8). Indem Menschen die Welt gestalten, bemächtigen sie sich auch zugleich in einer Weise dieser Welt, die nicht nur Gutes hervorbringt, sondern auch ins Unglück stürzen kann. Menschen überheben und überschätzen sich immer wieder, stellen eigene Interessen über andere und gegen andere. In Psalm 8 wird gerade darüber gestaunt, dass Gott diese begrenzten und verführbaren Geschöpfe nicht fallen lässt, sondern sich ihrer annimmt. Die Auflösung des Dilemmas liegt nicht darin, dass der Mensch sich selbst erlöst. Es ist nötig, dass Menschen ihre Grenzen erkennen und verantwortlich handeln und dass sie dabei auf Erlösung vertrauen, die ihnen von Gott her zukommt.

Harari hat natürlich recht: Menschen sehnen sich nach Glück und sie sehnen sich danach, dass der Tod besiegt wird. Die Bibel stellt dem entgegen: Das können Menschen nicht aus eigener Kraft. Es ist vielmehr so, dass menschliche Versuche, dies zu realisieren, nicht den Himmel auf die Erde holen, sondern die Erde zur Hölle machen. Deshalb ist es wichtig, Grenzen und Begrenztheit zu erkennen und anzuerkennen. Das ist verbunden mit der Botschaft: Der Tod ist besiegt und damit ist die Hoffnung auf ewiges Glück verbunden. Das ist gerade nicht die unendliche Verlängerung dieses Lebens. Es ist aber der Auftrag, in der Hoffnung des Glaubens diese Welt so zu gestalten, dass dies dem Leben dient, und zwar dem Leben aller Menschen – auch dem Leben der Menschen, die nach uns kommen werden. Dies bedeutet zugleich, sorgsam mit dieser Welt mit all ihren Geschöpfen und Ressourcen als Schöpfung Gottes umzugehen. Damit ist der Mensch keineswegs vom irdischen Glück abgeschlossen. Und auch nicht – wenn man es so sagen will – von Erfolgen im Kampf gegen den Tod. Der Mensch sieht aber, dass die besondere Würde und der Wert dieses Lebens gerade auch in seinen Grenzen und Begrenzungen liegen.

Hararis Verdienst ist es, die Digitalisierung in den Zusammenhang grundlegender philosophischer und theologischer Fragen gestellt zu haben. Was bei ihm zu lesen ist, deckt auf, dass es bei der Digitalisierung nicht nur um technische Innovation geht. Es geht grundlegend darum, wie menschliches Leben verstanden wird. Ist die „gute Botschaft" der Digitalisierung „Wir können technisch die Grundfragen der Menschheit lösen"? Manche der Protagonisten im Silicon Valley sind mit diesem zutiefst religiösen Erlösungsanspruch unterwegs. Und das ist keine Konstruktion, die von außen an etwas herangetragen wird, was sich allein auf den technischen Fortschritt konzentriert. Dass es in manchen Firmen die offizielle Berufs-

bezeichnung „Evangelist" gibt, deutet das an.
Das ist aber vergleichsweise harmlos.

Ray Kurzweil, Leiter der technischen Entwicklung bei Google, ist der prominenteste Vertreter eines Transhumanismus. Das ist eine philosophische Denkrichtung, die anstrebt, die Grenzen des Menschen durch Technik zu überschreiten. Mit Kurzweils Ideen wird bei Google auch an der Frage gearbeitet, wie das Leben verlängert werden und letztlich auch der Tod besiegt werden kann. Er selbst sagt: „Wir haben seit Jahrhunderten geglaubt, dass der Tod zum Leben gehört, aber das muss so nicht sein." Und Sergej Brin, der gemeinsam mit Larry Page Google gegründet hat, sagt lapidar: „Ich habe nicht vor zu sterben."[11] Anthony Levandowski, ehemals bei Uber für die Entwicklung autonomer Fahrzeuge zuständig, träumt explizit von der „Erschaffung und Anbetung einer Gottheit in Form von KI".[12]

Ich finde eine Unterscheidung des Theologen Wolfgang Huber sehr hilfreich.[13] Angesichts neuer Möglichkeiten gibt es auf der einen Seite Apokalyptiker. Das sind diejenigen, die meinen, mit der neuen Technologie geht die Menschheit ihrem Untergang und die Welt ihrem Ende entgegen. Auf der anderen Seite stehen Euphoriker. Das sind diejenigen, die meinen, die neuen Entwicklungen schaffen paradiesische Zustände auf Erden. Im Silicon Valley sind tendenziell eher Euphoriker zu treffen. Es wäre nun allerdings auch völlig falsch zu meinen, dass die Apokalyptiker eher in Deutschland sitzen. Apokalyptiker und Euphoriker, so Wolfgang Huber, eint in der Regel eins. Sie denken meistens in einem sehr klaren „Entweder-oder" bzw. „Alles-oder-nichts". Natürlich gibt es auch eine Position dazwischen. Das sind die Pragmatiker. Und die gibt es bestimmt in unterschiedlichen Akzentuierungen.

Ich plädiere dafür, sich pragmatisch mit der Digitalisierung auseinanderzusetzen. Pragmatisch heißt hier für mich, nicht nur nach dem zu fragen, was Menschen praktisch nutzt. Es heißt für mich auch und vor allem danach zu fragen, was Menschen guttut und dem Leben dient. Dazu gehört, sich bei all den digitalen Möglichkeiten klar- und bewusst zu machen, was und wer der Mensch ist.

In dieser Perspektive geht es nun darum, Digitalisierung nicht einfach geschehen zu lassen, sondern zu gestalten. Ich finde es wichtig, dass Christinnen und Christen dabei ihre Sicht in die gesellschaftliche Debatte einbringen. Das kann auch bedeuten, auf andere, auch konkurrierende Vorstellungen zu treffen. Allerdings können – davon bin ich überzeugt – in den Fragen der digitalen Transformation Menschenwürde und Menschenrechte Orientierungspunkte eines offenen globalen Diskurses sein, die helfen, Grenzen zu ziehen und auch Möglichkeiten zu erkennen und zu nutzen.

DIE NEUE WELT

Kommunikation immer und überall

Am 3. August 1984 wird die erste deutsche E-Mail an der Universität Karlsruhe empfangen – eine Grußadresse aus Cambridge (Massachusetts). Es hat dann noch bis in die Mitte der 90er-Jahre hinein gedauert, bis die Kommunikation per E-Mail mit dem Internet für viele Menschen fest zum beruflichen und privaten Alltag gehörte. Die E-Mail-Kommunikation wurde nicht durch eine politische Entscheidung oder ein Kommunikationskonzept eingeführt. Sie stand zur Verfügung, war sehr praktisch und wurde deshalb genutzt. Ähnlich war es dann, als nach der Vorstellung des iPhones von Apple Smartphones die Kommunikationswelt eroberten. Es gibt zwei Bilder mit der gleichen Perspektive auf den Petersplatz in Rom – eines nach der Wahl von Papst Benedikt XVI. im Jahr 2005 und eins nach der Wahl von Papst Franziskus im Jahr 2013. Auf dem ersten Bild ist zu erkennen, wie der neue Papst mit kleinen Fotoapparaten fotografiert wird. Auf dem zweiten Bild hält bestimmt jeder Zweite, der auf dem Petersplatz steht, sein Smartphone nach oben, um ein Bild vom neuen Papst zu machen. Wer nicht weiß, worum es geht, könnte dies für eine neue Form liturgischer Huldigung halten. Die Smartphones haben die Kommunikationskultur zweifellos noch einmal grundlegend gewandelt. Sie sind im Übrigen ein klassisches Beispiel dafür, was nutzerorientierte Entwicklung von Produkten heißt. Und die finnische Firma Nokia, die bis zur Ära der Smartphones eine wichtige Rolle in der Handyproduktion spielte, hat erfahren, was Disruption, die Zerstörung eines bisherigen Geschäftsmodells, bedeutet. Smartphones haben den Zugang zum Netz popularisiert. Das hat entscheidend dazu beigetragen, dass sich Kommunikationsmöglichkeiten mit sozialen Netzwerken und Nachrichtendiensten wie Facebook, Instagram, WhatsApp, Twitter und anderen noch einmal deutlich erweitert haben.

Atemberaubend sind Geschwindigkeit der Veränderungen und die Reichweiten. Um 50 Millionen Nutzerinnen und Nutzer zu erreichen, hat das Radio 38 Jahre gebraucht, das Fernsehen 13 Jahre, das Internet 4 Jahre und Facebook 3,5 Jahre.[14] Es ist deshalb auch sehr schwer zu sagen, wie sich Kommunikation weiterentwickeln wird. E-Mails werden offenbar von Jüngeren kaum noch genutzt, zumindest nicht in der privaten Kommunikation. Im Berufsalltag spielen sie noch eine wichtige Rolle. Facebook ist auch eher ein Medium der mittleren und älteren Generation geworden. Mir hat kürzlich ein junger Mann gesagt: „Manchmal ist es mir peinlich, was meine Eltern auf Facebook posten. Dann denke ich mir aber: Das hast du mit fünfzehn auch so gemacht. So ist das halt in der digitalen Pubertät." Für mich war das natürlich ein Anlass, eigene Facebook-Posts kritisch zu prüfen. Vor allem aber habe ich dabei daran gedacht, dass wir uns vermutlich noch auf weitere und schnelle Veränderungen einstellen müssen. Ein gegenwärtiger Trend wird hin und wieder als „Iconic Turn" beschrieben, also ein Trend zur Kommunikation mit Bildern – ein Trend übrigens nicht nur im Netz, sondern auch in der Körperkultur.

Die digitale Veränderung der Kommunikation wird von den allermeisten – ich zähle mich dazu – als großartig erlebt. Wissen und Information sind viel leichter zugänglich als früher. Weltweite Kommunikation ist einfacher geworden. Menschen können sich viel unmittelbarer und direkter mitteilen und damit aneinander Anteil nehmen.

Die Sportgruppe in WhatsApp, der kleine Nachrichtenaustausch oder der Familienchat zwischendurch mit der ehemaligen Gastschülerin aus Costa Rica oder die Terminverabredung mit Freunden – das ist wunderbar. In unserer Kirche sind die Kontakte zu den Partnerkirchen in aller Welt intensiver geworden.

Besonders beeindruckt hat mich vor Kurzem der Bericht einer Frau, die die Geschichte ihrer Transsexualität erzählt hat. Sie war als Mann groß geworden, hat aber immer bemerkt, dass mit ihr – so hat sie es beschrieben – etwas nicht stimmt. Als ihr irgendwann der Gedanke kam, dass ihr körperliches Geschlecht nicht mit ihrem erlebten Geschlecht übereinstimmt, hat sie zunächst im Internet recherchiert. Sie hat dort auch Kontakte zu Menschen bekommen, denen es ebenfalls so ging. Sie hat das für sich als richtige Befreiungserfahrung beschrieben. Und sie hat auch gesagt, dass sie nicht weiß, wie es mit ihr weitergegangen wäre, wenn sie das so nicht erlebt hätte.

Selbstverständlich gibt es auch die andere Seite. Informationen, die im Internet ungefiltert verfügbar sind, versetzen Menschen in Angst und Schrecken. Ärztinnen und Ärzte können vermutlich viele Geschichten davon erzählen, dass

Menschen gar nicht damit umgehen konnten, was sie in der Sprechstunde bei „Dr. Google" erfahren haben. Auch die persönlichen Kontakte, die über das Internet zu anderen entstehen, können höchst problematisch sein. Die erweiterte und schnelle Kommunikation hat das Leben nicht unbedingt entspannter gemacht. Für viele ist es ein Horror, sich nach dem Urlaub durch lange E-Mail-Listen durcharbeiten zu müssen. Deshalb werden E-Mails im Urlaub bearbeitet, so wie man es sonst nach Büroschluss oder samstags und sonntags macht. Digitale Kommunikation hat ganz wesentlich dazu beigetragen, die Grenzen zwischen Arbeit und Freizeit bzw. Urlaub, Beruflichem und Privatem, Werktagen und Feiertagen aufzulösen. Es kommt hinzu, dass digitale Kommunikation schnelle Kommunikation ist. Deshalb sind in der Regel die Erwartungen gestiegen, schnelle Antworten zu bekommen. Sie wird deshalb auch als Teil der Arbeitsverdichtung erlebt.

Eine besonders schwierige Seite der neuen Kommunikationsmöglichkeiten ist meines Erachtens, dass sie Plattformen für extreme politische, weltanschauliche oder religiöse Positionen bieten. In der Regel werden extreme Positionen von Minderheiten vertreten. Die aber sind natürlich viel besser in der Lage, sich darzustellen und zu organisieren. Und ihnen werden – insbesondere in den sozialen Medien – neue Räume für Agitation geöffnet. Das mag man unter dem Gesichtspunkt der Meinungsfreiheit begrüßen. Was derzeit zu erleben ist, zeigt aber, dass insbesondere dem Rassismus und anderen Formen menschenverachtender Diskriminierung ein Agitationsfeld eröffnet wurde. „Hate Speech" und „Fake News" sind Formen solcher Agitation. Neben vielen Einzelnen, die das nutzen, gibt es eine Nutzung im politischen Kontext. Das Spektrum reicht von der gezielten Kontaktaufnahme – etwa im Wahlkampf und vielleicht auch mit geklauten Daten – bis hin zu von Computerprogrammen („bots") generierten Shit-Storms oder strategisch vorgehenden „Trollen". Damit bezeichnet man Akteure im Internet, die gezielt Hasstiraden und Falschmeldungen verbreiten, um Menschen zu verunsichern. In der Mythologie sind Trolle dämonische Wesen. In Russland gibt es offenbar eine „Fabrik der Trolle", die nach Darstellung der regierungskritischen Zeitung Nowaja Gaseta in der Nähe von St. Petersburg liegt.[15] Manche sprechen auch von Putins Troll-Armee.

Die Ambivalenzen der Kommunikation im Internet werden besonders bei einem Blick auf das sogenannte Darknet deutlich. Als bekannt wurde, dass der Amok-Schütze, der im Juli 2016 nahe des Münchner Olympia-Einkaufszentrums fünf Menschen erschoss, seine Pistole über das Darknet erworben hatte, wurde sofort der Ruf laut, dieses geheime Netz zu verbieten. Dabei handelt es sich eigentlich nicht um einen geheimen Teil des Netzes. Es ist gewissermaßen eine tieferliegende Schicht des Internets, die von normalen Suchmaschinen nicht erfasst wird und die besonders verschlüsselte Zugänge hat. Dort gibt es viele geschützte Dateien und in der Tat auch Kommunikationsdienste und Marktplätze, die nicht über die normalen Internet-Browser zu erreichen sind. Das macht diesen Teil natürlich besonders anfällig für Verbrechen. Zugleich ist das Darknet für Menschenrechtsaktivisten und Oppositionelle in Diktaturen oder investigative Journalisten und Whistleblower ein Ort geschützter Kommunikation.[16]

In der jüngsten Zeit wurde der Blick auf die sozialen Medien, besonders auf Facebook, kritischer. Als bekannt wurde, dass die britische Firma Cambridge Analytica über Facebook Daten abgegriffen hat, um sie dann für Wahlkampfzwecke zu nutzen, war zu Recht die Empörung groß. Mark Zuckerberg wurde in Washington und Brüssel befragt, entschuldigte sich, gelobte Besserung und versprach, für einen besseren Schutz der Daten zu sorgen. Gleichwohl wurde vielen bewusst, dass Facebook, Google und andere mit den Daten ihrer Nutzerinnen und Nutzer arbeiten und Geld verdienen. Meistens gilt für kostenlose Dienste im Netz: *„If you are not paying for the product you are the product.“*[17] (Wenn du nicht für das Produkt bezahlst, bist du das Produkt.) Eng verknüpft mit der Nutzung der Daten, um damit Geld zu verdienen, ist eine Steuerung der Kommunikation über Algorithmen. Algorithmen sind – vereinfacht gesagt – bei Facebook die programmierten Abläufe, die entscheiden, wer was zu sehen bekommt. Bei Google entscheidet der Algorithmus zum Beispiel, welche Seiten bei einer Suche zuerst angezeigt werden. (Kleine Zwischenbemerkung: Algorithmus hat nichts mit Rhythmus zu tun. Der Begriff geht auf den Namen eines persischen Rechenmeisters und Astronomen zurück, der dann im 12. Jahrhundert aus dem Arabischen ins Lateinische übertragen wurde.) Klar ist: Mit Algorithmen wird Kommunikation im Netz gesteuert. Und diese Steuerung ist keineswegs transparent. Sie dient vielmehr dazu, Menschen vorrangig die Informationen zuzuspielen, die ihren Interessen und auch Auffassungen entsprechen. Zugrunde liegen dann natürlich die bisherigen Aktivitäten im Netz. So zeigt Amazon beim Aufruf der Seite sofort Bücher an, die einen interessieren könnten. In den sozialen

Netzwerken werden auf diese Weise die sogenannten Filterblasen erzeugt. Das heißt: Ich er-
halte Nachrichten und Informationen aus meinem Interessensumfeld. Wer Facebook nutzt,
muss wissen, dass im Hintergrund eine ausge-
feilte Bewertung der Persönlichkeit läuft. Facebook sieht darin kein Problem. Ganz im Sinn
des derzeitigen „Mission Statements" möchte
Facebook Sinnvolles und Nützliches tun. Facebook will Menschen helfen, Gemeinschaft zu
bilden („Community Building").

Einer der Pioniere der digitalen Welt, Jaron Lanier, 2014 Träger des Friedenspreises des Deutschen Buchhandels, hat vor Kurzem ein Buch
veröffentlicht, in dem er – so der Titel – „zehn
Gründe" präsentiert, „warum du deine Social
Media Accounts sofort löschen musst". Soziale
Medien sind in seinen Augen nicht nur „Zeit-
vernichtungsdienste". Das Suchtpotenzial ist
gefährlich, sie sind letztlich „Imperien der Ver-
haltensmanipulation".[18] Seine klare und einfache Konsequenz: „Lösch alle Nutzerkonten!
Auch Instagram und WhatsApp gehören zu

Facebook, sammeln deine Daten und spionieren dich aus. Twittere nicht, dass du Facebook verlassen hast, und poste nicht bei Facebook, dass du nicht mehr twitterst." Er stellt die Frage: „Was ist ein Mensch?" Und er antwortet: „Was auch immer ein Mensch ist – wenn du einer sein willst, dann lösch deine Nutzerkonten."[19] Er hält es also für nicht möglich, mit den sozialen Medien in der jetzigen Form digital Mensch zu bleiben. Gespannt darf man auf sein Gegenangebot sein. Lanier ist nicht nur einer der Protagonisten eines neuen Kulturpessimismus, der aus dem Silicon Valley selbst kommt. Er arbeitet auch an Projekten der „erweiterten und virtuellen Realität" *(augmented and virtual reality)*.

Ich rechne nicht damit, dass große Massen den Vorschlägen von Lanier folgen werden. Seine Argumente sind hilfreich, um das eigene Verhältnis zu den sozialen Medien kritisch zu prüfen. Ich kann gut nachvollziehen, wenn jemand sagt: Das überzeugt mich. Viele werden allerdings sagen: „Ich kenne die Probleme und ich halte es für wichtig, dass zum Beispiel Facebook transparenter und sicherer wird. Aber ich werde meine Nutzerkonten nicht löschen. Für mich überwiegen die Vorteile der Kommunikation." Sie stehen allerdings in der Tat vor der Aufgabe, die persönliche Kommunikation zu gestalten und dabei Mensch zu bleiben.

Um in den Blick zu nehmen, wie uns die digitale Transformation in der Kommunikation herausfordert, halte ich noch eine Perspektive für besonders wichtig. Die digitale Kommunikation hat die mediale Öffentlichkeit grundlegend verändert. Die mediale Öffentlichkeit wurde früher von den Printmedien – Zeitungen, Zeitschriften, Bücher – sowie Radio und Fernsehen geprägt. Was dort veröffentlicht wurde, wurde in der Regel von Journalistinnen und Journalisten produziert oder redaktionell bearbeitet. Sie waren – wie dies in der publizistischen Fachsprache heißt – die „Gatekeeper" (Türhüter, Schrankenwärter). Es gibt sie weiterhin und sie veröffentlichen längst auch im Netz. Aber sie sind nicht mehr allein. Mediale

Öffentlichkeit wird von allen mitgestaltet, die im Netz publizieren – auf eigenen Websites, in Blogs, in Postings, in Twitter-Nachrichten oder in anderen Formen. Der Inhalt *(Content)* ist ungeprüft. Und eine der wichtigen Fragen – gerade im Blick auf die sozialen Medien – ist ja, ob sie nur Medium sind oder ob sie – wie Zeitungsverleger etwa – auch für die in ihrem Medium präsentierten Inhalte verantwortlich sind. Was wir aber auf jeden Fall haben, ist eine enorm erweiterte mediale Öffentlichkeit. Für die klassischen Medien stellt sich die Frage, wie ihre Zukunft aussehen wird. Die Abonnement- und Verkaufszahlen der Tageszeitungen etwa sind kräftig gesunken. Insbesondere viele jüngere Menschen informieren sich nahezu ausschließlich über das Netz. Unklar ist auch, wie sich Radio und Fernsehen weiterentwickeln werden. Streaming-Dienste wie Netflix, Amazon oder Spotify bieten Filme, Serien, Dokumentationen und Musik an. Verlage und Sender sind längst dabei, mit ihren Angeboten selbst im Netz präsent zu sein. Unabhängig von den vielen damit verbundenen ökonomischen Fragen ist zu klären, was die neue Form der unregulierten medialen Öffentlichkeit für Diskurse in einer Gesellschaft und damit auch für die Demokratie bedeutet.

Der Medienwissenschaftler Bernhard Pörksen spricht von der „fünften Gewalt", die eine „neue Macht der vernetzten Vielen" ist. Diese neue Macht sind keine Spezialistinnen und Spezialisten für Kommunikation. Es sind prinzipiell alle, die das Netz und die damit verbundene Netzwerkkommunikation nutzen. Viele sind so Mediennutzer und Medienmacher zugleich. Hin und wieder wird dafür auch das Kofferwort „Prosumer" – eine Zusammensetzung aus Produzent und Konsument – verwendet. Die vernetzten Vielen können Wissen zusammentragen und miteinander teilen. Das geschieht etwa bei dem Online-Lexikon Wikipedia. Sie können in Publikationen und Diskussionsforen eine kritische und kluge Gegenöffentlichkeit bilden. Die vernetzten Vielen können aber auch „grausame Mobbingspektakel" inszenieren, in denen der „Netzwerkeffekt" nicht den

Nutzen, sondern die Erregung steigert. Pörksen urteilt deshalb: „Faktisch zeigt sich die Macht der fünften Gewalt jedoch in dieser anderen, schwer fasslichen Form. Man entdeckt sie in verschlungenen, zirkulär miteinander verflochtenen Wirkungsketten und im energetischen Zusammenspiel unterschiedlichster Kräfte, die selbst geringfügige Anlässe plötzlich zu Großereignissen explodieren lassen. Die Macht der fünften Gewalt ist diffus, asymmetrisch, epidemisch."[20]

Nun kann man sich keineswegs darauf beschränken zu sagen: Das ist halt so im Netz. Hier wird besonders greifbar und begreifbar, dass die Wirklichkeit im Netz keine Wirklichkeit neben der analogen Welt darstellt. Sie ist längst Teil unseres Lebens und unserer Welt. Es ist nicht nur so, dass ein amerikanischer Präsident mit dem Nachrichtendienst Twitter politisch agiert. Die Netzwerk-Erregungskultur hat die politische Kultur durchdrungen und verändert.[21] Deshalb ist die digitale Transformation im Bereich der Kommunikation – wie auch in den anderen Feldern – ganz entscheidend auch eine politische Herausforderung.

Vernetztes Leben

2016 nutzten die Deutschen das Internet erstmals mehr als zwei Stunden täglich. Digitale Kommunikation ist ein wesentlicher Teil der Lebenswelt geworden. Der Blick auf das Smartphone dürfte für viele zu den ersten Aktionen am Tag gehören – vielleicht sogar vor dem Aufstehen noch im Bett. Vermutlich wird an Frühstückstischen nicht selten darüber diskutiert, ob Frühstück nicht auch mal ohne Smartphone geht. Manche Familien haben längst klare Regelungen getroffen: kein Smartphone, wenn wir miteinander essen.

Die nächsten Schritte der Digitalisierung der Lebenswelt sind längst eingeleitet. Hinter dem Stichwort „Internet der Dinge" verbirgt sich, dass beliebige Gegenstände Daten verarbeiten können: der Kühlschrank, die Heizung, die Rollläden, das Radio, das Fernsehen

– eben alle technischen Geräte im Haus. Das lässt sich aber ergänzen um alles, was bisher noch nicht dafür geeignet ist. Der Spiegel im Bad wird zu einem Bildschirm. Er lässt sich als Fernseher nutzen, sodass man bereits bei der Morgentoilette auch das Morgenmagazin schauen kann. Oder der Spiegel-Bildschirm zeigt schlicht die Wetterprognose oder die Verkehrslage an. Ich habe einmal die Präsentation eines Startups erlebt, das an einem Spiegel arbeitet, der beim Schminken hilft. Das System funktioniert so: Im Spiegel werden verschiedene Make-ups präsentiert. Das per Klick ausgewählte Make-up wird virtuell auf das rückprojizierte Gesicht aufgetragen. So lässt sich gut austesten, wie das Make-up heute sein soll. Wenn es dann nicht mehr da ist, lässt es sich natürlich direkt über einen weiteren Klick bestellen. Das Prinzip des Spiegels arbeitet mit einem System „erweiterter Wirklichkeit" *(augmented reality)*. Es wird nicht einfach das abgebildet, was da ist. Die Wirklichkeit wird virtuell erweitert. Noch ein Schritt weiter geht die „virtuelle Realität" *(virtual reality)*. Mit einer entsprechenden Brille vor den Augen kann ich in eine ganz andere Wirklichkeit hineingehen. Der virtuelle Morgenspaziergang am Strand auf Mallorca ist dabei ebenso möglich wie ein kleines Tennis-Match in Wimbledon. Zurzeit wird im Silicon Valley und auch in anderen Startup-Regionen intensiv an den Systemen der erweiterten und virtuellen Realität gearbeitet. Und es wird daran gearbeitet, die Sprachsteuerung technischer Geräte weiterzuentwickeln. Alle Geräte einzeln über das Gerät selber oder Apps zu bedienen, wäre auf Dauer zu mühsam. Der einfache, nutzergemäße Weg ist die direkte Sprachsteuerung. Wie das funktionieren kann, zeigen jetzt bereits die ersten intelligenten Systeme wie Alexa, Siri, Google Home oder Cortana.

Um die digitale Transformation der Lebenswelt geht es, wenn von Smart Home (kluges Haus) und Smart City (kluge Stadt) geredet wird. Das heißt: Zu Hause sind die technischen Geräte so miteinander vernetzt, dass eine Steuerung über Computer möglich ist. In einer

Stadt gibt es unterschiedlichste digitale Steuerungssysteme – etwa für den Verkehr oder die Müllabfuhr. Meistens geht es dabei um sehr komplexe Systeme, in denen eine Steuerung über Künstliche Intelligenz erfolgt. Mit all dem sind natürlich und zu Recht viele Erwartungen verbunden. Vieles im Haushalt könnte noch einfacher werden. Ältere Menschen wären unter Umständen länger in der Lage, in den eigenen vier Wänden zu bleiben. Vor allen Dingen könnte die Haustechnik dazu beitragen, durch bessere Steuerung Energie effizienter zu nutzen. Bei Abwesenheit und im Urlaub ist eine bessere Kontrolle des Hauses möglich. Für die Lebensqualität in einer Stadt wäre es hervorragend, wenn der Verkehr besser gesteuert würde, sodass es weniger Staus gibt und auch Parkplätze gezielter angesteuert werden könnten. Es gibt viele Ideen. Die sind keineswegs nur technisch. Die digitale Technik kann ja auch eingesetzt werden, um Menschen wieder stärker miteinander in Kontakt zu bringen. Bereits seit 2011 gibt es in den Vereinigten Staaten das Nachbarschaftsnetzwerk Nextdoor. In Deutschland gibt es die Plattform Nebenan.de. Solche Plattformen sind gut in das Konzept einer Smart City zu integrieren – oder aber man entwickelt eigene Quartiers-Apps oder Ähnliches. Sowohl bei Smart Home als auch bei Smart City spielt das Thema Sicherheit eine große Rolle. Damit sind natürlich auch gleich sehr wichtige Fragen verbunden. Wie kann die Überwachung des eigenen Hauses aussehen, ohne dass damit Dritten die Gelegenheit gegeben wird, diese Daten zu nutzen? In einer Stadt geht es darum, ob mit der bereits vorhandenen Video-Überwachung wichtiger öffentlicher Orte auch Systeme der Gesichtserkennung verbunden werden dürfen. Am Berliner Südkreuz wurde ein Modellprojekt des Bundesinnenministeriums durchgeführt, wie Gesichtserkennung funktionieren kann. Freiwillige haben ihre Fotos hinterlegt und mit dem System wird getestet, ob die Identifizierung möglich ist. Hier ist meines Erachtens eine Menge Klärungsbedarf, ob dies gut ist und, wenn ja, unter welchen Bedingungen.

Eine besondere Frage ist die: Wie sieht es mit dem Einsatz von Robotern in den eigenen vier Wänden aus? Sprachassistenzsysteme sind ja im Grunde genommen eine Vorstufe. Sie können aber problemlos mit einem technischen System verknüpft werden, das beweglich und in der Lage ist, bestimmte Tätigkeiten auszuführen. Vor drei Jahren hat der kleine, niedliche, menschenähnliche Roboter Pepper auf der CEBIT für Furore gesorgt. Pepper ist etwa ein Meter groß, kann sich im Raum bewegen, hat zwei Hände, auf der Brust ein Display, kann reden und seine Worte mit passendem Augenaufschlag begleiten. Ein Anglistikprofessor an der Universität Marburg setzt Pepper als Hilfsdozent in bestimmten Übungen ein. Pepper wäre selbstverständlich in jedem Haus einsetzbar. Er könnte, wenn er entsprechend trainiert würde, als erweitertes „Babyphon" im Kinderzimmer agieren. Die Eltern gehen abends aus. Pepper steht bereit, wenn die Kinder zu Hause wach werden. Der Roboter lächelt freundlich, spricht beruhigende Worte und baut im Hintergrund die Verbindung zu den Smartphones der

Eltern auf. Via Facetime sind die dann schnell im Kinderzimmer zugeschaltet und sehen nicht nur, was los ist, sondern können auch erklären, dass sie bald wieder da sind. Wenn das überhaupt nötig ist. Vielleicht hat Pepper ja vorher schon genug beruhigt.

Ich bin sehr gespannt, was Alexander Gerst, der deutsche Astronaut auf der internationalen Raumstation ISS, über seine Erlebnisse mit Cimon berichten wird. Airbus und IBM haben den Roboter Cimon als Assistenten für ihn entwickelt. Cimon ist so gebaut, dass er in der Schwerelosigkeit schweben kann. Er ist einfach eine Kugel mit einer flachen Display-Seite. Die kann aber auch Mund, Nase und Augen zeigen. Cimon ist also gewissermaßen ganz Kopf. Und er gehört offenbar – so hat ihn Corinna Budras in der Frankfurter Allgemeinen Sonntagszeitung beschrieben – „zu dem Klügsten, was die Künstliche Intelligenz derzeit zu bieten hat". Cimons Name ist zugleich Programm. Cimon ist die Abkürzung von Crew Interactive Mobile companion. Er ist also ein interaktives Mitglied der Crew. Selbstverständlich ist Cimon ein Assistent, der hilft, die Experimente an Bord durchzuführen. Er wird Bild- und Videoaufnahmen machen, Betriebsanweisungen für unterschiedliche Geräte bereithalten und unterschiedliche Aufträge ausführen. Außerdem soll Cimon, und das ist schon besonders, mit Alexander Gerst und auch der Crew ein wenig Small-Talk halten. Dazu ist er in der Lage, auch Stimmungen zu registrieren. Er soll also ein echter Kumpel sein. Selbstverständlich gibt es auch einen Befehl, um Cimon zum Schweigen zu bringen. Wenn die Crew unter sich sein will, genügt der Zuruf „Crew Mode" und Cimon ist still. Das wiederum ist bei echten Kumpels so einfach nicht möglich. Ansonsten ist Cimon natürlich an sieben Tagen jeweils 24 Stunden verfügbar. Dass Cimon abschaltbar ist, war nicht nur der Crew wichtig, sondern auch der Ethikkommission, die die Mission begleitet.[22]

Immer wieder sind Dinge, die in der Raumfahrt erprobt wurden, irgendwann Teil unseres

Alltags geworden. Ob das auch bei Robotern so sein wird?

Ich habe in den letzten beiden Jahren immer wieder mit Menschen über die Frage des Einsatzes von Robotern geredet. Grund war ein Kommunikationsprojekt, das wir als Evangelische Kirche in Hessen und Nassau anlässlich der Weltausstellung der Reformation in Wittenberg durchgeführt haben. Wir waren dort mit einer mobilen LichtKirche präsent, die wir auch bei anderen Großveranstaltungen eingesetzt haben. In Wittenberg war um die Kirche herum ein „Segensparcours" gestaltet. Ziel war, mit Menschen über das Thema Segen ins Gespräch zu kommen. Eine dieser Stationen war ein „Segensroboter". Den Segensroboter hatten Pfarrer Fabian Vogt und der Ingenieur, Roboterbauer und Medienkünstler Alexander Wiedekind-Klein entwickelt. Der Roboter, der den Namen „BlessU-2" trug, war eine technisch ziemlich einfache Installation. Alexander Wiedekind-Klein hat einen alten Geldautomaten umfunktioniert. Er hat an den Automaten

zwei Arme angebaut und ihm einen Kopf auf-
gesetzt – bewusst nicht humanoid. BlessU-2 sah
so aus, wie Kinder vor 30 Jahren einen Roboter gemalt haben. Über das Kommunikations-
display konnte man nun eingeben, ob man sich
von dem Roboter ein Segenswort zusprechen
lassen möchte – auch, in welcher Sprache und
welchen Inhalt der Segen haben soll. Der Roboter hat dann ein Bibelwort ausgewählt, die
Arme gehoben und mit menschlicher Stimme
die Worte vorgelesen. Er war hier ein Medium
der Kommunikation für biblische Texte. Neu
und anders als etwa bei Radio- oder Fernseh-
übertragungen war die inszenierte persönliche
Zuwendung. Obwohl von manchen vermutet,
sollte der Roboter kein Ersatz für Pfarrerinnen
und Pfarrer sein. Ziel war es, mit Menschen
über das Thema Segen und auch über den Einsatz von Robotern ins Gespräch zu kommen.
Das ist auf jeden Fall gelungen. Auch inner-
kirchlich und medial wurde der Segensroboter
heftig diskutiert. Natürlich wurde gefragt, ob
diese Installation theologisch vertretbar ist und
ob man so mit dem Thema Segen, das für viele

doch eine sehr wichtige und persönliche Bedeutung hat, umgehen darf. Spannend war, dass sich gerade Menschen, die der Kirche nicht nahestanden, für das Thema interessierten und sehr ernsthaft nachfragten. Spürbar war aber auch, zum Teil in sehr heftigen und auch aggressiven Äußerungen, dass es viele Vorbehalte gegenüber dem Einsatz von Robotern gibt, und zwar grundsätzlich. Sollen wirklich Menschen durch Roboter ersetzt werden? Diese Fragen stellen sich besonders, wenn Roboter so konstruiert werden, dass sie Menschen kopieren. Dazu gibt es eine Tendenz. Das ist bei Cimon zu erkennen. Bei Robotern in der Pflege, aber auch bei Robotern in Kinderzimmern muss meines Erachtens wirklich geprüft werden, wie Roboter konstruiert werden. Ich denke, dass es möglich sein muss, klar zu erkennen, wer ein Mensch ist und wer ein Roboter. Manches, was entwickelt wird, lässt mich erschaudern. In Roboterfirmen wird an humanoiden Robotern als Sexualpartnern gearbeitet. Hochproblematisch sind Gedankenspiele, das Bewusstsein und die Persönlichkeit eines Menschen zu kopieren und mittels Übertragung auf einen Roboter ein Weiterleben zu sichern.

In den Diskussionen über den Segensroboter habe ich gesehen, wie nötig es ist, sich mit diesen Fragen auseinanderzusetzen. Kirchen sind noch einmal besonders gefragt, wenn es darum geht, digitale Angebote in das kirchliche Leben zu integrieren. Manche erwarten, die Kirche möge so etwas wie eine digitalfreie Gegenwelt erhalten. Andere wünschen sehr, dass Kirche digitale Möglichkeiten nutzt – in der Kommunikation, aber auch in kirchlichen Angeboten. Dazu gehört zum Beispiel auch die Möglichkeit, manche Gottesdienste digital-interaktiv mitzugestalten. Hier, wie in anderen Bereichen auch, kann und darf das Digitale das Analoge, die Begegnung von Mensch zu Mensch, nicht ersetzen. Digitale Kommunikation kann unterstützen und ergänzen. Ob und wie digitale Kommunikation religiöse Erfahrung eröffnet, ist für mich eine offene Frage. Unabhängig davon müssen Kirchen unbedingt daran arbeiten, die Kommunikation mit ihren Mitgliedern in der digitalen Welt zu gestalten. Voraussichtlich wird es den guten alten Gemeindebrief, der in der Gemeinde ausgetragen wird, noch eine Weile geben. Aber für die aktive Kommunikation ist das zu wenig. Eigentlich müsste es möglich sein, alle Kirchenmitglieder, die das wollen, und alle anderen, die Kontakt suchen, digital zu erreichen. Und selbstverständlich müssen Informationen über die Kirchen, ihre Angebote und ihre Botschaft auch über Sprachassistenten wie Siri, Alexa und Cortana verfügbar sein.

Ein Bereich unseres Alltags, der sich vermutlich in absehbarer Zeit digital transformieren wird, ist die Mobilität. Das Thema „autonomes Fahren" ist eines der Themen, über die mittlerweile viel diskutiert wird. Das ist gut so. Noch ist eine Mehrheit sehr skeptisch. Bei einer Allensbach-Umfrage haben sich 67 % der Befragten auf die Frage „Fänden Sie ein selbstfahrendes Fahrzeug reizvoll?" mit Nein geantwortet.[23] Unfälle mit autonomen Fahrzeugen wie der tödliche Unfall im März 2018, bei dem ein selbstfahrendes Fahrzeug von Uber in Tempe im Bundesstaat Arizona eine 49-jährige Fußgängerin überfuhr, werden medial weltweit beachtet. Untersuchungen haben ergeben, dass offenbar wirklich ein Software-Fehler schuld war. Das Fahrzeug hat die Frau zwar erkannt, aber nicht als Hindernis wahrgenommen und deshalb nicht gebremst. Viel diskutiert werden ethische Dilemmata. Wie entscheidet ein autonomes Fahrzeug, wenn es nach links oder rechts ausweichen muss, in beiden Fällen aber Menschen zu Schaden kommen? Welches sind die Kriterien – die Zahl der Menschen, das Alter der Menschen? Der Unterschied zwischen Mensch und Maschine ist der, dass ein Mensch aus der Situation heraus entscheiden würde. Eine Maschine würde von Algorithmen gesteuert, die natürlich zuvor festgelegten Kriterien folgen. Beides, das tragische Unglück und der konstruierte ethische Konfliktfall, wird gegen autonome Fahrzeuge ins Feld geführt. Zweifellos muss die Sicherheit der Technik geprüft und weiterentwickelt werden und ethische sowie rechtliche Fragen müssen bedacht und geklärt werden. Autonome Mobilität wird sich aber vermutlich durchsetzen – vor allem dann, wenn es gelingt, menschliche Kontrolle und Eingriffsmöglichkeiten zu gewährleisten. Sie wird aufs Ganze gesehen wohl viel sicherer sein. Aller Voraussicht nach wird es Probleme geben, wenn autonome Fahrzeuge und von Menschen gesteuerte Fahrzeuge in einem Mischverkehr unterwegs sind. Vermutlich werden aber auch da Menschen häufiger Unfälle verursachen als die über künstliche Intelligenz gesteuerten Fahrzeuge. Autonome Mobilität bietet aber auch die Chance, in Verbindung mit Car-Sharing-Konzepten und Elektromobilität den Verkehr ökologisch und strategisch umzugestalten. Es ist vermutlich auch ein Weg, ländliche Räume verkehrstechnisch anders zu versorgen und so der Verstädterung entgegenzuwirken.[24]

Industrie und Arbeit 4.0

3,4 Millionen Arbeitsplätze sollen in den nächsten fünf Jahren wegfallen. Das prognostizierte der Branchenverband Bitkom am Beginn des Jahres 2018. Das wäre etwa jede zehnte Stelle. Nach einer Umfrage des Verbandes sieht sich jedes vierte Unternehmen mit weniger als zwanzig Beschäftigten in seiner Existenz bedroht.[25] Daneben stehen Einschätzungen, dass gerade die Digitalisierung in den nächsten Jahren die Produktivität steigern und deshalb die Wirtschaft weiter wachsen wird.

Für die Veränderungen in der industriellen Produktion hat sich der Begriff Industrie 4.0 eingebürgert. Der stammt ausnahmsweise nicht aus dem Silicon Valley. Auf der Hannover-Messe 2011 wurde unter diesem Namen das Konzept einer Forschungsinitiative der deutschen Bundesregierung vorgestellt. Industrie 4.0 ist demnach die vierte industrielle Revolution nach der mechanischen Produktion durch Dampf- und Wasserkraft im 19. Jahrhundert, nach der Elektrifizierung am Beginn des 20. Jahrhunderts und nach der Automatisierung durch Elektronik und IT in den 70er-Jahren des 20. Jahrhunderts. Jetzt also 4.0 und das bedeutet, dass Produktionsprozesse digital und intelligent vernetzt gesteuert werden. Das ermöglicht etwa, dass in einem Laden die Füße eines Kunden exakt vermessen werden. Die Daten werden übertragen und der Laufschuh einer großen Marke wird im Rahmen einer industriellen Produktion individuell gefertigt und dann direkt nach Hause ausgeliefert. Die Vernetzung durch sogenannte Cyber-physische Systeme (CPS) optimiert und individualisiert Produktionsprozesse. Weitere Entwicklungsschübe werden durch eine verbesserte Produktentwicklung erwartet. Produktionsprozesse können virtuell geplant und simuliert werden. Bei Bedarf werden Prototypen über 3-D-Drucker hergestellt. In all diesen Prozessen werden sicher auch neue Arbeitsplätze entstehen. So gewinnt in dem genannten Beispiel der Schuhladen vor Ort neue Attraktivität und wird Personal benötigen. Andere Arbeitsplätze fallen weg, weil keine Lagerhaltung nötig ist. So werden wohl vor allem Arbeitsplätze wegfallen, die bisher von Menschen mit geringeren Qualifikationen besetzt waren. Aber nicht nur die. Die Arbeit in Zahntechnik-Labors zum Beispiel können 3-D-Drucker übernehmen.

Künstliche Intelligenz, die auch die Systeme der industriellen Produktion steuert, kann noch viel mehr. Deshalb verändert sich auch die Arbeit in anderen Bereichen. Routineaufgaben in Banken, Versicherungen, Verwaltungen und Anwaltskanzleien können von KI-Systemen übernommen werden. Auf die besonderen Möglichkeiten in der Medizin komme ich im nächsten Abschnitt zu sprechen. Was machen KI-Systeme in Anwaltskanzleien? Sie können Vertragswerke prüfen – auch sehr umfangreiche und komplexe. Das System liest die Texte, prüft sie, macht auf innere Widersprüche und Fehler aufmerksam. Das ist schon eine neue Dimension, weil es hier nicht einfach um Reproduktion, sondern um Verstehen geht. Mehr noch: KI-Systeme sind in der Lage, auch selbst Texte zu erstellen. Es gibt Systeme, die aus Sportergebnissen einfache Pressemeldungen schreiben können. Auch Journalistinnen und Journalisten, die ohnehin wegen der veränderten Mediennutzung unter Druck stehen, müssen um Stellen fürchten.

Industrie 4.0 und Digitalisierung verändern Arbeit. Deshalb wird auch über Arbeit 4.0 geredet. Das nimmt stärker Arbeitsformen und Arbeitsverhältnisse in den Blick. Digitalisierung ermöglicht in vielen Berufen, flexibler zu arbeiten. Wer an einem Computer arbeitet, kann das grundsätzlich von überall aus tun. In manchen Firmen gibt es keine festen Büros mehr. Die Arbeitskultur orientiert sich dabei durchaus an dem, was man bei den großen Firmen und auch bei den Startups im Silicon Valley und anderswo sehen kann. Räume mit kreativer Atmosphäre, viel Platz, um in Teams zu arbeiten, und auch Rückzugsmöglichkeiten für individuelles Arbeiten. Wichtig sind eine gute Verbindung zum Netz und der Laptop. Der Merck-Konzern in Darmstadt, ein DAX-Unternehmen, das Arzneimittel, Laborbedarf und Spezialchemikalien wie Flüssigkristalle herstellt, hat ein neues Arbeitsmodell eingeführt. Das Modell heißt „Mywork" und setzt darauf, dass die Abteilungen selbst regeln, wer wann im Büro anwesend sein muss. Mobiles Arbeiten und Homeoffice können frei eingeplant werden. Kai Beckmann, Mitglied der Geschäftsleitung, hat dieses Projekt maßgeblich mit auf den Weg gebracht. Er sagt: „Meine Vision: Das Wo und Wann der Arbeit bleiben wichtige Orientierungspunkte, doch was letztlich zählt, ist das Ergebnis."[26] Es ist klar, dass dies insbesondere für jüngere Mitarbeiterinnen und Mitarbeiter, die Arbeit und Familie miteinander verbinden wollen, sehr interessant ist. Dies bedeutet allerdings auch, dass sie selbst immer wieder neu ihre Grenzen zwischen Arbeit und privater Zeit festlegen müssen.

Die Transformation der Arbeitswelt findet statt und sie hat viele Facetten. Es hat keinen Sinn, den Blick davor zu verschließen. Gerade kleine und mittlere Betriebe stehen dabei sicher besonders in der Gefahr, nötige Veränderungen zu verpassen. Von einem Bäckermeister mit einem gut gehenden Betrieb habe ich vor Kurzem gehört: „Mit Digitalisierung will ich mich nicht mehr beschäftigen. Das soll die nächste Generation machen." Ich weiß nicht, ob er gut daran tut.

Die digitale Transformation der Arbeitswelt darf nicht vorwiegend als technische Frage und als nationale Frage des Standorts Deutschland betrachtet werden. Dazu gibt es allerdings in der Politik eine Tendenz. Natürlich ist die flächendeckende Versorgung mit schnellem Internet wichtig. Die digitale Infrastruktur muss stimmen. Da gibt es in Deutschland noch Nachholbedarf. Sicher ist es auch richtig, Forschung und Wirtschaft in Sachen Digitalisierung weiter zu fördern. Industrie 4.0 ist ein solches auf Wachstum ausgerichtetes Projekt. Die wichtigen und guten Debatten über nachhaltiges Wachstum, die in den letzten Jahren verstärkt geführt wurden, haben aber auch gezeigt: Nicht nur die Quantität des Wachstums ist entscheidend, sondern auch die Qualität. Das bedeutet: Die digitale Transformation kann nicht abgekoppelt werden von den ökologischen Fragen des Ressourcenverbrauchs und den sozialen Folgen.

Hinsichtlich des Ressourcenverbrauches wäre es nicht zu verantworten, wenn die verbesserten Produktionsweisen dazu führen, dass der Verbrauch nicht regenerierbarer Ressourcen gesteigert oder die Maßnahmen gegen den Klimawandel konterkariert würden. Digitalisierung bietet ja umgekehrt die Chancen, Energie effizienter einzusetzen und gerade auch so die Energiewende zu gestalten.

Bei den sozialen Folgen denke ich vor allem daran, dass unbedingt zu überlegen ist, wie Massenarbeitslosigkeit vermieden werden kann. Ein Weg könnte sein, den Wert und die Bedeutung personenbezogener Dienstleistungen zu steigern. In den ethischen Analysen und Debatten wird zu Recht von Beteiligungsgerechtigkeit geredet. Beteiligungsgerechtigkeit bedeutet, dass es für Menschen möglich sein muss, sich aktiv in den Arbeitsprozess einer Gesellschaft einzubringen. Das zu verwirklichen wird aber unter Umständen immer schwieriger, je mehr Menschen durch intelligente Maschinen ersetzt werden. Psychologisch ist damit im Übrigen ein erhebliches Kränkungspotenzial verbunden, das in schwierigen Konstellationen den sozialen Frieden gefährden kann.

Digitale Medizin

„Man sollte aufhören, weiter Röntgenärzte auszubilden." Das hat 2017 einer der Pioniere der Künstlichen Intelligenz, Geoffrey Hinton von der Universität Toronto, provokant gefordert.[27] Er ist überzeugt, dass Diagnosesysteme bald viel besser als Radiologen die unterschiedlichsten über Tomografien erzeugten Aufnahmen auswerten können. Die Systeme sind in den letzten Jahren in der Tat sehr viel leistungsfähiger geworden. Das hat zwei Gründe: Mittlerweile können über hochleistungsfähige Grafikkarten viel größere Datenmengen verarbeitet werden. Deshalb ist es möglich, sehr viele Daten zusammenzuführen und abzugleichen. Außerdem arbeiten die Systeme mit dem sogenannten „Deep Learning" (tiefgehendes Lernen). Die künstlichen Netzwerke sind so konstruiert, dass sie das menschliche Hirn nachahmen. Man nennt das „neuronale Netzwerke". Dadurch kann ein System hinzulernen. Im Unterschied zum Menschen speichert es aber noch mehr Daten und gleicht sie miteinander ab. So ist das verarbeitete Datenvolumen größer *(volume)*, die Geschwindigkeit schneller *(velocity)* und die Arbeitsweise differenzierter *(variety)*. Außerdem sind die Systeme ermüdungsfrei. Sie sind gewiss nicht fehlerfrei. Der Grundgedanke ist aber: Je mehr Daten verarbeitet werden und je länger die Systeme arbeiten, umso perfekter werden sie. Ideal wäre es natürlich, so wird weiter überlegt, wenn in Zukunft für Diagnosen am besten alle Gesundheitsdaten eines Patienten zur Verfügung stehen. Das Schlagwort heißt hier „Big Data" (große Datenmengen oder Massendaten). Besonders intensiv und offenbar auch erfolgreich wird in Israel daran gearbeitet, die intelligenten Systeme in der Medizin einzusetzen. Das ist nicht zuletzt deshalb gut möglich, weil in Israel ärztliche Versorgung, Krankenversicherung und Forschung eng miteinander verknüpft sind. Nach dem „Bloomberg Global Health Index" belegt Israel im Vergleich von 160 Ländern den neunten Platz, Deutschland den sechzehnten. Inwieweit hier ein unmittelbarer Zusammenhang mit dem Einsatz der digitalen Diagnosesysteme besteht, müsste sicher noch genauer betrachtet werden. Auf jeden Fall investiert Israel viel auch in diese Forschung.[28] Es liegt auf der Hand, dass mit Big Data in der Medizin sehr viele datenschutzrechtliche Fragen verbunden sind. Was einerseits für die medizinische Forschung positiv ist, könnte auch genutzt werden, um etwa bestimmte Risiken aus der Versicherung auszuschließen oder mit höheren Prämien zu belegen. 2017 hat der Deutsche Ethikrat eine wichtige Stellungnahme mit dem Titel „Big Data und Gesundheit – Datensouveränität als informationelle Freiheitsgestaltung" veröffentlicht. In der Stellungnahme werden die Chancen von Big Data gewürdigt und zugleich dargestellt, wie wichtig es ist, dass Patientinnen und Patienten souverän darüber entscheiden können, wie mit ihren Daten gearbeitet wird und vor allem, wer das tun darf.

Hat Geoffrey Hinton nun recht, wenn er darauf hinweist, dass es sich nicht mehr lohnt, Radiologen auszubilden? Eckhard Nagel, Arzt und Medizinethiker in Essen, hat in einem Interview der Frankfurter Allgemeinen Sonntagszeitung so reagiert: „Die Vorstellung, keine Radiologen mehr auszubilden, wäre deshalb gleichbedeutend mit der Idee, in Zukunft statt Piloten nur noch Computer ins Cockpit zu setzen. Die können ja auch fliegen. Kein Mensch würde sich in ein Krankenhaus begeben, in dem er sein Schicksal in die Hände eines Automaten legt – er will sich seinem Partner anvertrauen, der als Arzt Verantwortung für ihn und mit ihm übernimmt." Nagel ist durchaus überzeugt, dass Daten in der Medizin außerordentlich wichtig sind. Medizin arbeitet evidenzbasiert. Zugleich ist der Mensch aber mehr als die Summe seiner Daten. Deswegen braucht es Ärztinnen und Ärzte, die den Menschen als ganzen sehen. Sie werden damit unter Umständen zum nötigen Korrektiv für die datenbasierte Diagnose, die eben auch falsch sein kann. Nagel sagt das so: „Trotzdem bleibt es weiterhin Aufgabe des Mediziners, zu kontrollieren, ob diese Ergebnisse mit der Realität übereinstimmen. Deshalb muss er eben doch noch selbst den Puls tasten oder die Röntgenbilder stichprobenartig gegenchecken. Auch eine Maschine macht Fehler und hat eine Irrtumswahrscheinlichkeit, und die gilt es so weit wie möglich zu minimieren." Für Nagel ist klar, dass Medizin auch weiter sprechende Medizin sein muss. Deshalb sein Fazit: „Die Künstliche Intelligenz wird den Arzt nicht ersetzen, sie wird – wenn wir verantwortlich mit ihr umgehen – dazu führen, dass die Medizin noch besser wird."[29]

Digitale Technik unterstützt Ärztinnen und Ärzte, aber sie ersetzt sie nicht. Im Idealfall ist es eine Kooperation von Mensch und Maschine. Roboter führen bei bestimmten Operationen ein Skalpell – präziser und sicherer als Menschen. Zugleich gibt es eine menschliche Steuerung und Überwachung der Roboter. Unterstützend können Roboter auch in der Kranken- und Altenpflege tätig sein. Sie erledigen die oft mühevollen Routinearbeiten. Menschen setzen die Roboter ein, prüfen ihre Arbeit und haben – so wäre es gut – mehr Zeit für Zuwendung und Gespräch. In dieser Weise ist auch digitale Unterstützung für Hausärzte denkbar. Die elektronische Patientenakte und auch die Nutzung von Datenbanken und Diagnosetools gehören in vielen Praxen bereits zum Arbeitsalltag. Mit der Telemedizin gibt es in Deutschland erste Versuche. Andere Länder sind da schon weiter. Aber warum sollten nicht auch Videosprechstunden hilfreich sein? Sie werden den persönlichen Kontakt nicht ersetzen, aber sie ergänzen den Arzt-Patienten-Kontakt – auch über größere Entfernungen hinweg. Sinnvoll eingesetzt sind dabei sicher auch Gesundheitsdaten nützlich, die über „Wearables" (tragbare Datenverarbeitung) erhoben werden. Theoretisch kann dies sicher dazu ausgeweitet werden, Patientinnen und Patienten von digitalen Systemen komplett beobachten zu lassen. Wenn an den erhobenen Werten etwas auffällig ist, würde sich die Arztpraxis automatisch melden. Auch wenn dies in Einzelfällen vielleicht sogar sinnvoll sein könnte, wäre das wirklich nicht erstrebenswert. Selbst bei der rein privaten und persönlichen Erhebung von Daten über Wearables muss man genau überlegen, wann und wie man diese einsetzt. Die Gefahr eines datengetriebenen Selbstoptimierungswahns ist nicht zu unterschätzen. Mir reicht es, wenn ich beim Laufen die Herzfrequenz messe. Manchmal aber möchte ich auch ohne jede Messung laufen.

Das Spektrum dessen, was sich in der Medizin durch Digitalisierung verändern kann, ist viel größer als das bisher Angesprochene. 3-D-Drucker können schon jetzt künstliche Organe herstellen. Nanobots – winzigste Kleinstroboter – sind noch hypothetisch. Es wird geforscht, um mit ihnen gezielt Medikamente im Körper zu platzieren, Krebszellen zu zerstören oder auch Verbindungen zwischen Nervenzellen und Implantaten herzustellen. Damit könnte etwa querschnittsgelähmten Menschen geholfen werden. Überhaupt ist natürlich die Verbindung von Mensch und Maschine hochinteressant. Auch ohne direkte Verbindung von Mensch und Maschine ist digitale Technologie ja längst außerordentlich nützlich. Ein Mann wie Stephen Hawking hat mit digitaler Hilfe Großartiges geleistet. Der Physiker und Astrophysiker hatte ALS. Aufgrund dieser schweren Erkrankung des motorischen Nervensystems war er bereits in jungen Jahren auf den Rollstuhl angewiesen. Seit 1985 konnte er nur noch mithilfe eines Sprachcomputers kommunizieren. Auf diese Weise konnte er seine wissenschaftliche Arbeit äußerst erfolgreich weiterführen. Viele Menschen setzen große Hoffnung in die digital weiterentwickelte Medizin. Das gilt auch für die vor wenigen Jahren erfundene „Gen-Schere". Es handelt sich hierbei um die CRISPR/Cas-Methode *(Clustered Regularly Interspaced Short Palindromic Repeats)*. Mit ihr ist es möglich, die DNA gezielt zu verändern. So können Gene entfernt oder verschoben werden. Damit können Gen-Defekte beseitigt und Krankheiten geheilt werden. Es ist aber theoretisch auch möglich, Menschen nach eigenen Vorstellungen „herzustellen". Gerade die Verbindung von digitaler Technologie und Biotechnologie eröffnet zweifellos viele Chancen, trägt aber auch eine Menge Risiken in sich. Hier ist es dringend nötig, ethische Debatten zu führen. Es sind nicht zuletzt diese neuen Möglichkeiten, die Träume und Fantasien beflügeln, dass es gelingen kann, menschliches Leben zu optimieren und ins Unendliche zu verlängern.

Übernehmen Maschinen alles?
Was kann Künstliche Intelligenz?

In den Diskussionen zur Digitalisierung hat ein Thema in den letzten zwei Jahren besondere Aufmerksamkeit auf sich gezogen: die Künstliche Intelligenz (KI). Ideen zur Künstlichen Intelligenz, nämlich der Imitation des Menschen durch Maschinen, gehen weit in frühere Jahrhunderte zurück. Geforscht wird zur Künstlichen Intelligenz seit Jahrzehnten. Einen wirklichen Schub hat die Künstliche Intelligenz aber erst seit wenigen Jahren bekommen. Das hat zwei Gründe: Erstens sind Computerprozessoren sehr viel leistungsfähiger geworden und zweitens stehen jetzt Massendaten zur Verfügung, durch deren Verarbeitung Maschinen „lernen" können.

Maschinen, die lernen, können sehr komplexe Vorgänge übernehmen. Sie können Muster erkennen und erlernen und sie können das Erlernte anwenden, auch in Situationen, die neu sind. 1997 hat Deep Blue, der berühmte Schachcomputer von IBM, den damaligen Schachweltmeister Gari Kasparow geschlagen. Einer seiner Nachfolger, der IBM-Großcomputer Watson, hat 2011 in der Quizsendung „Jeopardy" gegen zwei Quiz-Champions gewonnen. Watson konnte dabei auf riesige Datenbanken zurückgreifen und war in der Lage, aus dem Material die Quizfragen zu beantworten. Und 2016 hat die Software AlphaGo von Google den Weltmeister im japanischen Brettspiel Go besiegt, das um ein Vielfaches komplexer ist als Schach. Mittlerweile steuern Computersysteme mit lernenden Systemen Fahrzeuge, sie verarbeiten die Daten medizinischer Aufnahmen und steuern Roboter. Die Unterschiede zu komplexen Software-Programmen sind fließend, liegen aber – vereinfacht gesagt – darin, dass die Systeme dazulernen. Große Fortschritte beim Lernen der Maschinen wurden dadurch erzielt, dass die neuronalen Netze des menschlichen Gehirns gewissermaßen in den Maschinen nachgebildet wurden und so das „tiefergehende Lernen" *(deep learning)* möglich wurde.

Die große Frage, bei der nun die Meinungen auseinandergehen, ist die: Bleibt es dabei oder können auch andere menschliche Fähigkeiten in die lernenden Maschinen übertragen werden? Über Sensoren können die KI-Systeme hören und sehen. Deshalb funktionieren Sprach- und Gesichtserkennung. Sie sind auch in der Lage, Sprachmustern und Gesichtsausdrücken Gefühlsregungen zuzuordnen. Sie haben aber selbst keine Gefühle. Sie können diese bestenfalls imitieren. Deshalb haben sie keine dem Menschen vergleichbare emotionale oder soziale Intelligenz, geschweige denn ein wirkliches Bewusstsein. Maschinen ahmen nur nach, auch wenn sie hochkomplexe Dinge tun wie Musik im Stil von Johann Sebastian Bach zu komponieren. Dabei entstehen neue Musikstücke in diesem Stil, aber es ist keine die Musik verwandelnde kreative Leistung.

Unter den KI-Forschern gibt es die einen, die sagen: „Das wird auch immer so bleiben. Maschinen bleiben Maschinen." Das sind die Vertreterinnen und Vertreter einer sogenannten „schwachen" Künstlichen Intelligenz. Andere sagen: „Der Punkt, an dem intelligente Maschinen Menschen in allem überbieten, ist nicht mehr weit entfernt." Der Fachbegriff hierfür ist „Singularität". Sie repräsentieren die Idee einer „starken" Künstlichen Intelligenz – allen voran Ray Kurzweil. Der bedeutende Entwickler und Erfinder vertritt nicht nur die Ansicht, dass alles, was Menschen ausmacht, auch auf Maschinen übertragbar ist. Er verbindet damit auch die These, dass im Jahr 2045 der einzigartige Punkt erreicht ist, an dem die Rechenleistung der gesamten Künstlichen Intelligenz die der Menschheit so sehr übersteigt, dass die weitere Entwicklung nicht mehr vorhersehbar ist. Hinter diesen Gedanken steht im Grunde genommen ein durch und durch mechanistisches Menschenbild. Demnach sind Menschen in ihrem Denken und Erleben selbst nichts anderes als Maschinen. Im Umkehrschluss bedeutet das auch: Maschinen ahmen Menschen nicht nur nach, sondern sie entwickeln auch ein Bewusstsein und werden damit im wirklichen Sinn „autonom". Stellt sich die Frage: Was machen dann die Maschinen mit den Menschen? Einer der Pioniere der Künstlichen Intelligenz, der mittlerweile verstorbene Marvin Minsky, wurde einmal gefragt: „Wie werden schlaue Maschinen die Gesellschaft verändern?" Seine Antwort: „Wenn wir Glück haben, werden sie uns als Haustiere behalten."[30]

Ist das nicht doch zu sehr Science-Fiction, geniale Fantasie oder furchteinflößende Spinnerei – die Fortführung von Stanley Kubricks „2001 – Odyssee im Weltraum"? Mittlerweile gibt es viele Stimmen, die vor KI warnen

– darunter auch Bill Gates, Elon Musk und Stephen Hawking. Wolfram Henn, Professor für Humangenetik und Mitglied im Deutschen Ethikrat, hat sich auch eingereiht: „Wir sollten uns jedenfalls mit Szenarien einer Cyber-Revolution aus dem Innern von Rechnersystemen befassen." Und nicht nur das. Er fährt fort: „Wir sollten uns aber tunlichst darum bemühen, unseren elektronischen Assistenten nicht die Autonomie anzuerziehen, über ihr eigenes Schicksal und dann das unsere zu bestimmen. Am Ende möchte ich jedenfalls gerne die Entscheidung, wann mein Ende gekommen ist, in meinen eigenen Händen oder in denen meiner Angehörigen belassen."[31]

Ich persönlich denke nicht, dass Maschinen wirklich Bewusstsein entwickeln können. Trotzdem ist Gefahr im Verzug. KI-Systeme, denen Menschen so etwas wie Entscheidungskompetenz über Leben und Tod zubilligen, werden bereits eingesetzt. Es handelt sich hierbei um halbautonome Waffen. Unabhängig von damit bereits verbundenen ethischen Fragen haben führende KI-Forscher längst gefordert, autonome Waffensysteme, die Menschen orten, identifizieren und töten können, zu ächten. Ich halte das für dringend nötig. Dabei ist es wichtig, sich klarzumachen: Es ist hier (noch) nicht die Künstliche Intelligenz, die uns bedroht, sondern die Art, wie wir sie einsetzen. Der KI-Forscher Joachim Hertzberg hat das so gesagt: „Die Menschheit hat seit Jahrzehnten Techniken in der Hand, sich das Leben gegenseitig zur Hölle zu machen oder sich im Extremfall selbst auszulöschen. KI und Roboter haben das Potenzial, auf dieser unrühmlichen Skala einige neue Bereiche zu besetzen. Am Ende [...] bedroht uns gegebenenfalls nicht die Technik, sondern Menschen, die sie entsprechend einsetzen."[32]

Es ist dringend geboten, sich ethisch mit den Fragen der KI auseinanderzusetzen. Das führt zwangsläufig auch zu grundlegenden Fragen des Menschseins. Ist der Mensch selbst nichts anderes als eine hochkomplexe Maschine, die sich mittels Technik kopieren lässt? Steht die

Menschheit kurz davor, genau dies zu tun? Oder ist der Mensch doch noch etwas anderes? Gilt vielleicht gerade hier der alte, vom griechischen Philosophen Aristoteles formulierte Satz, dass das Ganze mehr ist als die Summe seiner Teile? Also: Selbst wenn es gelingt, alle Teile des Menschen einschließlich der Empfindungen, der Gefühle, ja der gesamten Psyche künstlich zu reproduzieren, ist es dann wirklich ein Mensch? Fügt sich das alles so zusammen, dass das Wesen, das entsteht, in einem tiefen Sinn „Ich" sagen kann? Hat dieses Wesen dann nicht nur Intelligenz, sondern ein Bewusstsein von sich selbst, das nach dem Sinn der eigenen Existenz fragen kann?

Der Soziologe, Journalist und Schriftsteller Christoph Kucklick hat in seinem Buch „Die granulare Gesellschaft. Wie das Digitale unsere Wirklichkeit auflöst" folgende Perspektive entwickelt: „Die Welt der Neuen Auflösung, in die wir uns begeben, hält zwar viele Fallstricke und Gefahren bereit. Aber sie wird auch dazu führen, dass wir uns intensiver mit dem beschäftigen, was uns als Menschen kennzeichnet. Wir gehen nicht der Entmenschlichung, der Roboterisierung entgegen, sondern im Gegenteil: der Präzisierung dessen, was uns eigentlich ausmacht."[33] Das Bild, das er dann entwirft, ist das eines Menschen, der nicht in alte Zeiten zurückkehrt, sondern der sich weiterentwickelt – auch in seiner Widersprüchlichkeit und gerade darin auch, wenn es gut geht, in seiner Menschlichkeit.

Dass der Mensch mehr ist als funktionierende Materie, sagt die biblische Tradition in einem sehr alten Bild: „Da machte Gott der HERR den Menschen aus Staub von der Erde und blies ihm den Odem des Lebens in seine Nase. Und so ward der Mensch ein lebendiges Wesen" (1. Mose 2,7). Das steht in einer der Schöpfungserzählungen der Bibel. Sie erklären nicht in einem naturwissenschaftlichen Sinn, wie die Welt entstanden ist. Manche christliche Fundamentalisten behaupten dies zwar immer noch. Sie verkennen dabei aber den wirklichen Sinn dieser Texte. Es sind Texte, die das Wissen ihrer Zeit aufnehmen und es theologisch deuten. In den Texten geht es darum, die Welt und damit das eigene Leben ·als etwas zu verstehen, was nicht von Menschen gemacht ist. So sagt das Bild vom Odem des Lebens: Was den Menschen zum Menschen macht, kommt nicht aus dem Menschen selbst. Es ist die Schöpferkraft Gottes, die den Menschen zu einem unverwechselbaren, lebendigen Wesen macht. Dabei wird sehr klar gesehen, dass Menschen keine Geistwesen sind. Sie sind Materie, nämlich „aus Staub von der Erde". Mit der Materie verbindet Gott Leben. Menschliches Leben ist darum mehr als funktionierende Materie, als eine sehr komplexe Maschine. Die theologische und philosophische Tradition redet deshalb zu Recht auch vom Geist und der Seele des Menschen, weil menschliches Leben sich nicht nur materiell beschreiben lässt. Mit dem „Odem des Lebens" macht Gott den Menschen zu seinem Gegenüber. Menschen haben ein Bewusstsein und können sich zu sich selbst, zu anderen Menschen und zu Gott eigenständig in Beziehung setzen. Mensch sein bedeutet dann auch, sich selbst als von Gott begabtes, aber auch von Gott unterschiedenes, begrenztes Wesen zu verstehen. Die Digitalisierung stellt neu vor die Aufgabe, diese Grenze zu erkennen und dabei auch herauszufinden, was Menschen guttut, weil es zum Leben hilft, und was Menschen schadet, weil es Leben zerstört. Künstliche Intelligenz fordert besonders dazu heraus, die alte theologische und philosophische Frage „Was ist der Mensch?" neu zu durchdenken.

WAS JETZT ZU TUN IST

Die Wirklichkeit ist größer geworden

Die Digitalisierung ist nicht plötzlich gekommen. In den letzten vier Jahrzehnten hat sich digitale Technik immer weiter entwickelt und hat zunehmend unseren Alltag erobert. Erst seit wenigen Jahren wird die Digitalisierung als Megatrend wahrgenommen, der revolutionäre Kraft hat. Das hat, wie wir gesehen haben, mit der exponentiell gestiegenen Leistungsfähigkeit der Rechner zu tun. Damit ist es möglich, nahezu unbegrenzte Datenmengen zu verarbeiten. Die gesamte Entwicklung hat sich enorm beschleunigt. Der Rhythmus der Veränderung damit auch. Die digitale Technik hat das, was Menschen leisten können, enorm erweitert.

Sie hat damit auch die Wirklichkeit verändert. Vor allem mit dem Internet ist ein riesiges neues Werkzeug der Menschheit entstanden, das die Wirklichkeit erweitert hat. Das Internet ist ein gigantischer, globaler Kommunikationsraum, der mittlerweile fest mit dem Alltag vieler Menschen verknüpft ist. Es ist nicht eine virtuelle Welt neben der realen Welt. Beides ist miteinander verbunden. Für die Menschen, die diese Welt ohne Internet gar nicht kennen, wird es zunehmend schwerer, sich eine Welt ohne Netz vorzustellen – vermutlich so wenig wie Menschen meiner Generation sich eine Welt ohne elektrischen Strom vorstellen können. Es gibt Kinder, die fragen: „Mama, Papa, wie seid ihr eigentlich ohne iPhone ins Internet gekommen?" Die Frage ist amüsant, schön und geradezu philosophisch, weil der Zugang zum Netz problematisiert wird, das Netz aber als selbstverständlicher Teil der Welt vorausgesetzt wird. Weil Menschen sich an veränderte Lebensbedingungen assimilieren, passen sie sich auch nach und nach an eine digitalisierte Welt an. In Diskussionen über die Digitalisierung erlebe ich immer wieder, dass jüngere Menschen manchmal Fragen und Bedenken der älteren gar nicht verstehen. Ältere erleben es als Stress, andauernd online zu sein, jüngere erzählen, dass es für sie Teil ihrer Entspannung ist. In der Kirche, aber wohl nicht nur da, wird so auf der einen Seite mehr Widerstand gegen digitale Entwicklungen erwartet, auf der anderen Seite – der Seite der Digital Natives – viel mehr digitale Beweglichkeit. Manchmal ist die Angst groß, das Digitale könnte jeden direkten menschlichen Kontakt verdrängen. Dann wird mit Wehmut davon geredet, wie man früher nachmittags noch auf der Straße gespielt hat und mit Freundinnen und Freunden unterwegs war. Und es wird beklagt, dass heute alle zu Hause sitzen und nur noch über das Netz miteinander kommunizieren. Das eine ist vermutlich so falsch wie das andere. Ich kann mich daran erinnern, wie wir als Kinder auch viele Stunden vor dem Fernseher verbracht haben. Und ich weiß, dass viele junge Leute sehr wohl den direkten Kontakt zu ihren Freundinnen und Freunden schätzen und den auch suchen.

Deshalb plädiere ich sehr dafür, weder das eine noch das andere zu verklären – nicht den Rückblick in eine vermeintlich heilere und bessere Welt noch den Ausblick in eine vermeintlich grandiose und problemfreie Zukunft. Ich halte es für falsch, die Welt zurückdrehen zu wollen – was ohnehin nicht geht. Drastisch gesagt: Digitale Fortschritte werden nicht zurückgenommen, das Internet wird niemand mehr abstellen. Selbst ein Kritiker der sozialen Netzwerke wie Jaron Lanier rät dazu, die Accounts zu löschen, aber nicht das Netz zu beseitigen. Umgekehrt wäre es genauso falsch, einfach der Weltverbesserungsrhetorik mancher Digital-Visionäre zu vertrauen. Keine der großen Fragen der Menschheit wie Kriege, Klimawandel, ungleiche und ungerechte Lebensbedingungen wird durch digitale Entwicklung gelöst. Jetzt geht es darum, die neuen Möglichkeiten richtig einzusetzen, sie gut weiterzuentwickeln und damit die Welt zu gestalten, dass sie wirklich gerechter und friedlicher wird. Und wenn es gut gelingt, bleibt es nicht nur menschlich, sondern manches wird sogar menschlicher. Das ist zugegebenermaßen nicht einfach, weil vieles schnell geht. Wir müssen lernen, das Leben in der digitalen Welt zu gestalten, als Individuen und als Gesellschaft.

Alle müssen lernen!

Zu Recht sagen viele: Um gestalten zu können, braucht es Bildung. Ältere Menschen müssen sich fortbilden, um zu lernen, mit neuer Technik umzugehen. Jüngere Menschen nutzen die Technik intuitiver, weil sie damit groß geworden sind. Sie müssen aber auch lernen, die digitale Technik zu verstehen, um fit für Neues zu sein oder später selbst innovativ zu sein. Eine ganz wichtige Frage für das individuelle und gesellschaftliche Lernen ist die Überlegung: Was sollen Kinder lernen – natürlich zu Hause, aber auch und vor allem in den Schulen? Immer wieder wird schnell gesagt: Kinder müssen endlich Programmieren lernen – am besten schon in den Grundschulen. „Mädels, lernt coden!", hat Joanne Hannaford, die IT-Chefin von Goldman Sachs gefordert. Coden ist ein Synonym für Programmieren.[34] Sie sagt: „Viele Schulen bringen den Kindern Computerprogramme bei: Word, Excel, all das. Aber Programmierkurse gibt es kaum, es gibt auch nicht genügend Informatiklehrer, selbst hier in Deutschland, wo das Ingenieurwesen einen sehr guten Ruf hat. Ich finde es ein wenig beängstigend, dass wir in unseren Schulen immer noch einige Fächer wichtiger finden als Programmieren, wenn höchstwahrscheinlich viele Jobs in der Zukunft IT-Kenntnisse erfordern. Ich glaube, das ist ein großes Problem für Europa." Joanne Hannaford argumentiert hier von den Anforderungen ihres Jobs her. Sie ist selbst eine begeisterte Programmiererin. Ihre Botschaft richtet sich in dem zitierten Interview besonders an Frauen, die in den technischen Berufen zweifellos unterrepräsentiert sind. Denen sagt sie: Fangt früh an, euch auf die wichtigen Jobs in der digitalen Welt vorzubereiten. Das ist ein klassisches Plädoyer dafür, Kindern möglichst bald die Fertigkeiten beizubringen, die später in den Jobs von ihnen verlangt werden – und da steht in der digitalen Welt nun einmal das Programmieren ganz weit oben. Die Bildungstheorie nennt das Verfügungswissen. Verfügungswissen ist Wissen, um über etwas, hier die Technik, „verfügen" zu können, das heißt: sie zu beherrschen. Das klingt irgendwie sinnvoll, ist aber auch kurzschlüssig gedacht. Natürlich ist es wichtig, technische Zusammenhänge zu verstehen. Informatik ist in der Tat ein wichtiges Fach und sollte an Schulen als Standardfach unterrichtet werden. Und da ist es auch gut zu verstehen, wie Programmieren geht, und es vielleicht auch in den Grundzügen zu erlernen. Aber wirklich wichtig ist in der Bildung – gerade in der digitalen Welt – etwas anderes.

Sehr bezeichnend finde ich, dass die beiden Google-Gründer, Larry Page und Sergey Brin, Montessori-Schulen besuchten. Die Schulen gehen auf Maria Montessori zurück, die nicht die Wissensvermittlung, sondern die Persönlichkeitsbildung ins Zentrum ihres pädagogischen Konzeptes gestellt hat. Das hat sie – auch wenn es viele kritische Anmerkungen zu ihren Ideen gibt – zu starken und kreativen Persönlichkeiten gemacht. Die waren mit ihrer Bildung in der Lage, sich das Verfügungswissen anzueignen, das sie brauchten, um ihre Ideen umzusetzen. Larry Page sieht das so: „Es wird ja immer gern darüber gewitzelt, dass Sergey Brin und ich Montessori-Schulen besucht haben. Aber wir haben dort gelernt, unabhängig zu denken, alles infrage zu stellen und ungewöhnliche Wege zu gehen."[35] Ungewöhnliche Wege ist auch Jack Ma gegangen. Er ist Chinese. Seine Eltern waren Musiker und Geschichtenerzähler. Er wurde Englisch-Dozent. An Schulen hat er immer wieder Aufnahmeprüfungen nicht bestanden, auch in Harvard hat er sich zehnmal beworben und wurde dort abgelehnt. Heute ist er Milliardär. Das Geld hat er mit Alibaba, dem von ihm gegründeten chinesischen Internetkonzern verdient. Im Blick auf schulische Bildung hat er ziemlich klare Vorstellungen. Was Menschen lernen müssen, so sagt er, ist Weisheit. „Lehrer müssen aufhören, Wissen zu vermitteln. Wichtig sind in Zukunft Fächer wie Sport, Kunst, Musik. Alles, was die Kreativität fördert." Menschen sollen das lernen, was Computer nicht können. Dazu gehören für ihn auch und vor allem Werte, Überzeugungen und Nächstenliebe.[36]

Auch wenn ich das, was Ma sagt, sympathisch finde, halte ich es für einseitig. Gute Bildung ist umfassend. Sie stärkt Persönlichkeit, Kreativität, Werteorientierung. Sie schult darin, sich selbst, die anderen Menschen und diese Welt wahrzunehmen und immer wieder kritisch und konstruktiv nach dem Sinn des Lebens und Zusammenlebens in dieser Welt zu fragen. Sie schult darin, sich Fertigkeiten und Wissen anzueignen und damit umzugehen. In den Begriffen der Bildungstheorie geht es um Orientierungswissen. Das befähigt, die Welt zu ergründen und zu verstehen. Dazu gehört natürlich ganz zentral die Frage: Was ist der Mensch? Orientierungswissen wird in allen Fächern erworben, auch in den mathematischen und naturwissenschaftlichen Fächern – aber eben vor allem auch in den sprachlichen, gesellschaftswissenschaftlichen und kreativen

Fächern. Literatur, Philosophie, Ethik, Religion, Musik, Kunst und auch der Sport spielen dabei eine besondere Rolle. Es geht in einem sehr umfassenden Sinn um „Lebensführungskompetenz"[37] – und noch einmal besonders um digitale Lebensführungskompetenz.

Weil die digitale Welt Teil unserer Wirklichkeit ist, darf auch die Schule keine digitalfreie Zone sein. Handyverbote an Schulen können sicher nötig und sinnvoll sein. Was das Lernen angeht, wäre es allerdings gut, analoges und digitales Lernen aufeinander zu beziehen. Das muss natürlich altersgemäß entwickelt werden. Ich bin mir ziemlich sicher, dass in absehbarer Zeit das Tablet oder der Laptop nicht nur zu Hause, sondern auch im Unterricht für alle Schülerinnen und Schüler dazugehören wird. Sie können dann gut genutzt werden, um sich Informationen zu beschaffen oder auch um vernetzt miteinander zu arbeiten oder eigens konzipierte digitale Unterrichtseinheiten zu bearbeiten. Daneben wird es sicher Unterrichtsphasen geben, in denen alle offline arbeiten, also schlicht miteinander reden, einander zuhören und so weiter. Mir hat einmal eine Lehrerin berichtet, die in dieser Weise unterrichtet, dass in der Oberstufe etwa gemeinsam die Quellen im Internet geprüft und bewertet werden. Und ein Schüler hat gesagt: „Das Netz ist für mich ein Tool (Werkzeug). Ich setze es ein und nutze es, wie ich es brauche." Wie wichtig es ist, bereits in der Schule so zu arbeiten, hat eine Studie des Stanford-Forschers Sam Wineburg belegt. Er hat bei Schülern und Studierenden untersucht, ob und wie sie in der Lage sind, Online-Inhalte zu bewerten. In einem Interview hat er selbst zusammengefasst: „Unsere Ergebnisse zeigen, dass viele junge Leute nicht zwischen zuverlässiger und irreführender Information unterscheiden können; sie werden Opfer von Desinformation. Die Fähigkeit junger Leute, Online-Inhalte auseinanderzunehmen, kann man nur trostlos nennen. Und das gilt nicht nur für Amerika, sondern auch für Australien, Kanada, Finnland und die Schweiz. Dass diese Generation der Digital Natives, der ‚Eingeborenen', so clever sei, ist reine Phantasie." Er

schließt daraus: „Wir müssen neue Bildungs-
ansätze formulieren. Technologie kann vieles,
aber sie kann eben nicht kritisches Denken
beibringen."[38] Das ist dann wirkliche Medien-
kompetenz – Kompetenz, die nicht nur digitale
Medien nutzt, sondern auch in der Lage ist, sie
kritisch zu bewerten.

Bildung muss Menschen helfen, sich in dieser
einen, digital erweiterten Welt zu orientieren,
in ihr zurechtzukommen und sie aktiv zu gestalten. Ich bin überzeugt, dass dabei die Persönlichkeitsbildung eine ganz entscheidende
Rolle spielt. Das war auch bisher so. Aber die
Bedingungen haben sich verändert. Wie kann
es gehen, eine stabile Ich-Identität in einer Welt
der „Gefällt mir"- und „Gefällt mir nicht"-
Klicks zu gewinnen? Mittlerweile ist selbst
Sean Parker, der erste Präsident von Facebook,
skeptisch: „Wer weiß, was es mit den Gehir-
nen unserer Kinder anstellt."[39] Es ist deutlich,
dass die Online-Welt ein vielfältiges Suchtpotenzial ganz eigener Art hat – in der Kommunikation, im Medienkonsum unterschied-

lichster Art. Viele versuchen mittlerweile dem entgegenzuwirken, indem sie Offline-Zeiten festlegen. Auch in Betrieben und Institutionen wird verstärkt vereinbart, dass bei bestimmten Sitzungen oder in bestimmten Zeiten niemand seine E-Mails checkt. Manche reden sogar von gezieltem „digital detox" – der digitalen Entgiftung, die ab und zu nötig ist. Nicht nur die heranwachsende Generation, sondern alle müssen lernen!

Bei manchen Entscheidungen, vor allem dann, wenn die Situationen neu und auch unübersichtlich sind, frage ich mich: Was ist das Entscheidende? Worauf kommt es wirklich an? Mehr und mehr habe ich dabei das sogenannte Doppelgebot der Liebe als außerordentlich hilfreich erlebt – persönlich, aber auch um etwas grundsätzlich zu durchdenken. Als Jesus nach dem höchsten Gebot, also nach dem, worauf es wirklich ankommt, gefragt wird, antwortet er: „Das höchste Gebot ist das: ‚Höre, Israel, der Herr, unser Gott, ist der Herr allein, und du sollst den Herrn, deinen Gott, lieben von ganzem Herzen, von ganzer Seele, von ganzem Gemüt und mit all deiner Kraft' (5. Mose 6,4–5). Das andre ist dies: ‚Du sollst deinen Nächsten lieben wie dich selbst' (3. Mose 19,18). Es ist kein anderes Gebot größer als diese" (Markus 12,29–31).

Dieses Doppelgebot ist genau betrachtet ein Dreifach-Gebot. Es ist in großer Prägnanz eine Art Koordinatensystem für das, was menschliches Leben ausmacht. Es geht um ein gutes Verhältnis zu Gott, zu anderen Menschen und zu sich selbst. Ich kann von da aus – in einem durchaus allgemeinen Sinn – fragen: Was macht mich als Person aus? Wie gestalte ich meine Beziehungen zu anderen? Wie verstehe ich den Grund meiner Existenz? Ich halte es für wichtig und hilfreich, diese Fragen auch in der digital erweiterten Welt zu stellen und von dort aus auch zu entscheiden, was gut ist und was nicht.

Was macht mich als Person aus? Damit ist immer die Frage verbunden – ob analog oder digital –: Wie sehr bin ich abhängig von dem, was andere über mich denken? Aber auch: Was will ich von mir preisgeben? In der digitalen Welt gehören auch meine Daten zu mir und meiner Person. Es gehört auch dazu, dass ich neue Möglichkeiten habe, mich als Person darzustellen und zu präsentieren. Ja, noch mehr: Es gehört auch dazu, dass ich neue Möglichkeiten habe, mich zu vermessen *(Wearables)* oder auch medizinisch zu verändern, gegebenenfalls auch durch die Verbindung mit intelligenten Maschinen. Für mich ist dabei wichtig zu erkennen: Ich bin Mensch mit meinen Grenzen und Begrenzungen, mit meinen Möglichkeiten und den Gefühlen, die manchmal sehr ambivalent sein können. Abhängigkeiten und Perfektionswahn sind gefährlich für mich. Ich bin als Mensch ein endliches Wesen. Und das ist gut so. Ich habe als Mensch einen Wert und eine Würde – unabhängig vom Urteil anderer. Deshalb bin ich in meiner analogen und meiner digitalen Identität schützenswert. Ich muss über meine Daten bestimmen können. Ich muss entscheiden können, was meine Privatsphäre ist und was meine private Zeit. Ich muss es in der Hand haben, wann ich digital online und wann ich offline bin. Ich muss regeln können, dass von mir verantwortete persönliche Daten gelöscht werden. Ich muss verfügen können, was mit der von mir gestalteten digitalen Vergangenheit geschieht und was mit meinem digitalen Erbe. Ich vermeide es jetzt bewusst zu sagen: Das geht und das geht nicht. Vieles muss jede und jeder für sich selbst herausfinden. Gesellschaftlich und politisch müssen die Voraussetzungen dafür geschaffen werden, dass das so geht.

Wie gestalte ich meine Beziehungen zu anderen Menschen? Die digitale Welt hat die Möglichkeiten, Beziehungen zu gestalten, enorm ausgeweitet. Manche meinen, dass die Digitalisierung dazu beitrage, Menschen weiter zu individualisieren. Die Wahlmöglichkeiten für ganz individuelle Lebensgestaltung sind größer geworden. Dazu kann man sicher auch die Angebote zählen, sich in erweiterten oder virtuellen Welten zu bewegen. Die werden sogar noch weiter steigen. Hinzu kommt, dass wir die analoge Welt durch Sprachassistenten oder humanoide Roboter erweitern können. Auch hier werden wir herausfinden müssen, was uns nützt und hilft, was unsere menschlichen Beziehungen fördert oder zerstört. Für mich bedeutet die Orientierung an dem Gebot, den Nächsten zu lieben, erst einmal zu sehen: Gott hat uns als Menschen das Leben gegeben, damit wir es miteinander teilen und füreinander da sind. Gott hat uns einander damit auch ans Herz gelegt, dass wir gut und respektvoll miteinander umgehen. Dass das in der analogen Welt oft nicht gelingt, wissen wir und leiden oft darunter. Da gibt es vieles zu verbessern. Erschreckend ist für mich, dass die schönen neuen Kommunikationsmöglichkeiten immer wieder und gezielt genutzt werden, um Aggressionen und Hass zu steigern. Ich halte es für eine ganz wichtige Aufgabe, in der analogen Welt und auch im Netz für eine respektvolle Kommunikationskultur einzutreten. Die Medienwissenschaftlerin Caja Thimm nennt das „digitale Werteordnung"[40]. Für das Netz und darüber hinaus, könnte eine weitere Leitfrage sein: Wie kann digitale Technik so eingesetzt werden, dass menschliche Beziehungen gefördert werden? Roboter zum Beispiel sollten in der Pflege Menschen nicht ersetzen. Sie können aber helfen, dass Menschen mehr Zeit haben, sich einander zuzuwenden und miteinander zu reden.

Wie verstehe ich den Grund meiner Existenz? So habe ich den Teil des Gebotes „Du sollst Gott lieben" übersetzt. Wer an Gott glaubt und sich an Gott orientiert, versteht sich als Geschöpf und sein Leben als Geschenk aus Gottes Hand. Dieser Glaube schließt ein, dass dies nicht nur eine einmalige Gabe am Anfang des Lebens ist, sondern Menschen an jedem Tag aus Gottes Kraft und seinem Segen leben. Darin und nicht in dem, was ein Mensch zu leisten vermag, liegt die besondere Würde jedes Menschenlebens. Das beinhaltet auch: Ich glaube, dass Gott mich dazu bestimmt hat, ein Leben in Freiheit und Verantwortung zu führen. Ich bin überzeugt, dass alle Menschen – auch diejenigen, die nicht an Gott glauben – ein Verhältnis zum Grund ihrer Existenz haben, ausdrücklich oder manchmal auch eingeschlossen in dem, wie sie über das Leben denken und handeln. Die digitale Transformation fordert uns heraus, auch über diese Grundfragen unseres Lebens nachzudenken und zu reden. Sie fordert uns dazu heraus, weil wir entscheiden müssen, welche Möglichkeiten wir nutzen wollen und ob und wo wir Grenzen ziehen. Grenzen zu setzen aber ist geboten, weil es darum geht, ob wir das unverfügbare Geheimnis des Lebens wahren und schützen wollen oder nicht. Was der Reformator Martin Luther prägnant zusammengefasst hat, gilt auch in der neuen digitalen Welt noch: „Wir sollen Menschen und nicht Gott sein. Das ist die summa."[41]

Die lernende Gesellschaft und die Aufgabe der Politik

Die digital erweiterte Welt fordert uns nicht nur als Einzelne heraus, unser persönliches Leben im Zusammenspiel von analogem und digitalem Leben zu gestalten. Wir müssen auch als Gesellschaft lernen und uns weiterentwickeln. Da geschieht zurzeit vieles – in der Zivilgesellschaft, den Institutionen, den Kirchen, der Wirtschaft und auch im Staat. Es sind Heerscharen von Beraterinnen und Beratern unterwegs, die in nahezu allen gesellschaftlichen Bereichen mithelfen, Digitalstrategien zu entwickeln. Es ist sicher gut, sich auf den Weg zu machen. Ich gestehe, dass ich mittlerweile auch ein wenig skeptisch bin, ob der Druck, der vor allem aus der Beratungsszene her gemacht wird, wirklich immer gut ist. Das *manager magazin* hat im Februar dieses Jahres in einem großen Artikel vor den „Rattenfängern von Digitalien" gewarnt, die doch häufig nur „Buzzword-Geschwafel" zu bieten hätten.[42] Man tut deshalb sicher gut daran zu prüfen, mit wem man sich auf den Weg machen will. Für mich ist ein Kriterium, danach zu fragen, wie groß die Versprechungen sind. Je größer sie sind, umso skeptischer werde ich. Die digitale Transformation hat eine große Dynamik. Es wird kaum möglich sein, eine umfassende Strategie für die nächsten Jahre zu entwickeln. Eher geht es darum, vor allem in großen Organisationen selbst agiler zu werden und manches schlichtweg auszuprobieren. Gute Beratung hilft herauszufinden, wie das gelingen kann. Dazu ist es erforderlich, manches schneller zu entscheiden, Scheitern zuzulassen und experimentierfreudiger zu werden – also sich schon auch an der Arbeitsweise der digitalen Entwicklung zu orientieren. Das gilt auch für die Politik. Dass hier zwei Welten aufeinandertreffen, sagt Yuval Harari mit einem treffenden Bild: „Die Regierungsschildkröte kann mit dem technologischen Hasen nicht mithalten."[43]

Trotzdem ist die Politik an vielen Punkten sehr gefordert. Politik muss manches regulieren, um schlichtweg das zu schützen, was das Grundgesetz im ersten Artikel sagt: „Die Würde des Menschen ist unantastbar." Das gilt selbstverständlich auch in der digitalen Welt. Und so muss neu durchbuchstabiert werden, was dies bedeutet. Es ist völlig klar, dass das Netz kein rechtsfreier Raum sein kann. Es ist unsere erweiterte Wirklichkeit. Völlig klar ist, dass alle Verbrechen im Netz strafrechtlich verfolgt werden müssen – vom illegalen Waffenhandel bis hin zum grauenhaften Missbrauch von Kindern. Es ist sehr richtig und konsequent, persönliche Daten zu schützen. Daten sind Teil des Menschen. Die Europäische Datenschutzgrundverordnung hat deutlich die Verbraucherrechte gestärkt. Damit ist viel bürokratischer Mehraufwand verbunden. Es kann sicher geprüft werden, ob das nicht auch einfacher geht. Aber der Ansatz ist richtig. Der Deutsche Ethikrat hat im Blick auf Big Data in der Medizin vorgeschlagen, das Konzept der informationellen Selbstbestimmung zu einer informationellen Freiheitsgestaltung weiterzuentwickeln. Das wird so definiert: „Informationelle Freiheitsgestaltung unter Wahrung von Privatheit in einer vernetzten Welt ist gekennzeichnet durch die Möglichkeit, auf Basis persönlicher Präferenzen effektiv in den Strom persönlicher Daten eingreifen zu können. Verantwortlich ist eine solche Freiheitsgestaltung dann, wenn sie sich gleichzeitig an den gesellschaftlichen Anforderungen von Solidarität und Gerechtigkeit orientiert."[44] Damit wird gefordert, dass die Gestaltungshoheit bei den einzelnen Nutzerinnen und Nutzern bleibt. Im Zusammenhang des Schutzes steht in Deutschland auch das sogenannte Netzwerkdurchsetzungsgesetz, das sich gegen Hetze und falsche Darstellungen in sozialen Netzwerken richtet. Es verpflichtet die Betreiber der Netzwerke, Hassattacken konsequenter zu entfernen. Auf der Agenda steht auch, darüber zu debattieren, inwieweit für manche Algorithmen ein „TÜV" erforderlich ist. „Algorithm-Watch" ist eine Expertengruppe, die dies fordert. Der Grundgedanke: Durch Algorithmen gesteuerte Entscheidungsprozesse, etwa bei der Personalauswahl, dürfen keine „Black Box" bleiben. Weil mit den Algorithmen Kriterien verbunden sind, muss Transparenz hergestellt werden. Ich denke, dass es auch gut wäre, im Netz mediale Plattformen zu haben, die wie der öffentlich-rechtliche Rundfunk einen Versorgungsauftrag für

Informationen haben – mit einem hohen Qualitätsstandard und demokratischer Kontrolle.

Die Politik hat die Aufgabe, mit Gesetzen für rechtliche Rahmenbedingungen zu sorgen. Sie ist auf der anderen Seite auch gefordert, für eine gute digitale Infrastruktur zu sorgen. Dazu gehört der Netzausbau. Zudem ist erforderlich, die Sicherheit des Netzes zu gewährleisten und unter anderem vor Cyberattacken zu schützen. Längst ist deutlich: Mit der digitalen Transformation entsteht eine enorme Abhängigkeit des gesamten Lebens von einem funktionierenden Netz. Verantwortliche Politik sollte deshalb Vorkehrungen für den Fall treffen, dass die digitale Infrastruktur ausfällt. Da braucht es Katastrophenpläne für Krisenszenarien. Ein Krisenszenario wäre auch eine Situation, in der viele Menschen durch die digitale Transformation ihren Arbeitsplatz verlieren. Auch wenn man sich darauf nur begrenzt vorbereiten kann, ist es sicher sinnvoll, Ideen zu entwickeln, was dann getan werden kann. Manche meinen, ein bedingungsloses Grundeinkommen könne dies abfedern. In Finnland gibt es hierzu bereits einen Modellversuch. Andere schlagen vor, die Arbeit von Robotern zu besteuern. Ich kann und will die Ideen hier nicht bewerten. Entscheidend ist meines Erachtens, dass die digitale Transformation politisch intensiver wahrgenommen und gestaltet wird. Der Blick in die Geschichte lehrt, dass größere Umstellungsphasen häufig mit Kriegen verbunden waren. Daraus gilt es zu lernen, um genau das zu vermeiden. Was wir zurzeit erleben, ist allerdings etwas anderes. Auf die vielen Veränderungsschübe, die auf unterschiedliche Weise auch mit der digitalen Transformation verbunden sind, wird häufig durch einen Rückfall in nationale Politik reagiert. Das aber ist hochgefährlich. Gerade das Netz ist ja Teil unserer globalen Verflechtung. Es verlangt geradezu nach globaler Politik. Ein Beispiel: Die neuen Informations- und Kommunikationsmöglichkeiten haben unter anderem Migration weiter befördert. Dies darf aber nicht als Vorwurf gegen Migrantinnen und Migranten gewendet werden, wie das manchmal geschieht.

Die globale Vernetzung macht nicht nur unterschiedliche Lebensbedingungen deutlicher bewusst, sie deckt auch Ungerechtigkeit auf. Mit der Digitalisierung ist deshalb nicht zuletzt die Frage nach Gerechtigkeit fest verknüpft. Bundespräsident Steinmeier hat das deutlich markiert: „Es darf nicht dazu kommen, dass es eine Arbeitsteilung gibt zwischen denen, die nur Vorteile der Digitalisierung abschöpfen, und denen, die dafür bezahlen. Das wird den Zusammenhalt der Gesellschaft zerstören. Und deshalb dürfen wir es nicht hinnehmen."[45] Was er hier als Aufgabe beschreibt, ist genau betrachtet eine Aufgabe der Weltgemeinschaft.

Eine Aufgabe der Weltgemeinschaft, aber natürlich auch jedes einzelnen Staates, ist es ebenfalls, die Chancen der Digitalisierung zu nutzen, um nachhaltig zu wirtschaften – nicht zuletzt, um den Ressourcenverbrauch zu reduzieren und das Klima zu schützen. Das gelingt sicher nicht, wenn die Digitalisierung den Energieverbrauch erhöht und die Energie nicht aus regenerativen Quellen erzeugt wird. Die

Digitalisierung eröffnet einerseits neue Wege, Güter miteinander zu teilen („Wirtschaft des Teilens", Sharing Economy). Sie führt aber auch dazu, dass ausgesprochen energieintensive Technologie entwickelt wird. So gilt zum Beispiel die Blockchain-Technologie als sehr sicher, verbraucht allerdings auch, in bestimmten Anwendungen jedenfalls, enorm viel Energie. Würde man Bitcoin als Land betrachten, läge es an 70. Stelle des Energieverbrauchs aller Länder weltweit.[46]

Zu den Gestaltungsaufgaben der Politik – und auch der Zivilgesellschaft und vieler Organisationen einschließlich der Kirchen – gehört es schließlich, Demokratie weiterzuentwickeln. Das Netz eröffnet neue Partizipationsräume – bis hin zur Kreation neuer Währungen. Das alles birgt die Gefahr in sich, dass staatliche und wirtschaftliche Strukturen ausgehebelt werden. Aktive Gestaltung würde in Deutschland und in anderen Demokratien etwa bedeuten, selbst daran zu arbeiten, wie die gute repräsentative Demokratie durch verlässliche partizipative Prozesse ergänzt werden kann. Der mittlerweile verstorbene Soziologe Ulrich Beck geht noch einen Schritt weiter. Er hat 2013 in einem Interview gemahnt: „Wir brauchen eine transnationale Erfindung von Politik und Demokratie, die die Möglichkeit eröffnet, gegen die Dominanz der völlig verselbständigten Kontrollmonopole demokratische Grundrechte wiederzubeleben und durchzusetzen."[47] Wenn Beck von Kontrollmonopolen redet, hat er die großen Internetkonzerne im Blick und auch Staaten. Ein Staat kann das Netz nutzen, um Demokratie und Freiheit zu gestalten. Ein Staat kann das Netz aber auch nutzen, um Menschen zu überwachen, zu kontrollieren und totalitär zu handeln. Die Gefahr des Totalitarismus hat Dave Eggers in dem Roman „The Circle" anhand eines imaginären Internetgiganten literarisch beschrieben. Wer zurzeit nach China schaut und sieht, wie die Regierung ein Sozialkreditsystem zur Kontrolle der Bürgerinnen und Bürger aufbaut, sieht den Weg zu einem Totalitarismus im modernen staatlichen Gewand. In der Bibel ist die totalitäre Versuchung in der mythischen Erzählung vom Turmbau zu Babel beschrieben. Im Hintergrund der Geschichte steht der Versuch einer totalitären Macht, alles zu vereinheitlichen und das Leben der Menschen zu beherrschen. Gott hat das nicht zugelassen. Gott hat Vielfalt erhalten – der Menschheit zum Segen.

Die politischen Gestaltungsaufgaben sind immens. Angesichts der vielen macht- und tagespolitischen Querelen frage ich mich oft, ob die Politik sich mit den richtigen Fragen beschäftigt. Ich glaube, nein. Es gibt große Chancen und es steht viel auf dem Spiel. Ob wir in der digitalen Welt Menschen bleiben, ist weit mehr als eine individuelle Frage. Es ist eine hochpolitische Frage.

EIN WUNSCH ZUM SCHLUSS

PAULA und allen anderen Kindern, die heute und in Zukunft in die neue digitale Welt hineingeboren werden, wünsche ich, dass sie einmal sagen können: „Ja, unsere Welt hat sich sehr verändert. Es ist längst nicht mehr die Welt unserer Großeltern, aber es ist eine gute, lebenswerte Welt. Und wir sind Menschen geblieben." Damit das so wird, müssen wir heute die Weichen richtig stellen.

ANMERKUNGEN

1 Frank-Walter Steinmeier, Interview mit dem Nachrichtenmagazin Focus vom 13.01.2018, http://www.bundespraesident.de/SharedDocs/Reden/DE/Frank-Walter-Steinmeier/Interviews/2018/180113-Interview-Focus.html (zuletzt abgerufen am 01.08.2018).

2 Philipp Specht, Die 50 wichtigsten Themen der Digitalisierung, München 2018, S. 70.

3 Spiegel-Gespräch: „Ich bin einfach Optimist", Spiegel 43/2015.

4 A.a.O.

5 Christoph Keese, Silicon Valley. Was aus dem mächtigsten Tal der Welt auf uns zukommt, München 2014.

6 Yuval Noah Harari, Homo Deus. Eine Geschichte von Morgen, München 2017.

7 A.a.O., S. 69 / 70.

8   A.a.O., S. 365.

9   A.a.O., S. 534.

10 A.a.O., S. 244.

11 Zitate bei Markus Günther, Wie wir Götter werden, FAS vom 13.05.2018.

12 SZ vom 20.12.2017.

13 Wolfgang Huber, Mensch und Maschine in der Arbeit 4.0, FAZ vom 22.04.2016.

14 https://de.statista.com/statistik/daten/studie/298515/umfrage/entwicklung-ausgewaehlter-informationstechnologien-bis-50-millionen-nutzer (zuletzt abgefragt am 30.07.2018).

15 Specht (wie Anm. 2), S. 151.

16 A.a.O., S. 166–173.

17 A.a.O., S. 117.

18 Andrian Kreye, Delete all, SZ vom 01.06.2018, S. 3.

19 Jaron Lanier, Zehn Gründe, warum du deine Social Media Accounts sofort löschen musst, Hamburg 2018, S. 199 und 186.

20 Bernhard Pörksen, Die fünfte Gewalt – die neue Macht der vernetzten Vielen, Universitas 6 (2016), S. 27–39, Zitierte Formulierungen S. 27 und 35.

21 Hierzu Bernhard Pörksen, Die große Gereiztheit. Wege aus der kollektiven Erregung, München 2018.

22 Corinna Budras, Roboter im All, FAS vom 27.05.2018.

23 Dyrk Scherff, Roboter, fahr du voran, FAS vom 20.05.2018.

24 Siehe hierzu Peter Dabrock, Wenn Autos Menschen fahren. Warum die wirklichen ethischen Herausforderungen des autonomen Fahrens jenseits der Trolley-Probleme lauern. Zeitschrift für Evangelische Ethik 61 (2017), S. 83–88.

25 Julia Löhr, Digitalisierung zerstört 3,4 Millionen Stellen, FAZ vom 02.02.2018, http://www.faz.net/aktuell/wirtschaft/diginomics/digitalisierung-wird-jeden-zehnten-die-arbeitkosten-15428341.html (zuletzt abgefragt am 06.06.2018).

26 Thorsten Winter, Wenn sich der Chef ins Cockpit zurückzieht, FAZ vom 05.06.2018.

27 Michael Brendler, Da hilft nur noch Kollege Computer, FAS vom 08.04.2018.

28 Lea-Melissa Vehling, Kleines Land, große Medizin, FAZ vom 30.06.2018.

29 Mit Maschinen kann man nicht diskutieren. Ein Interview mit dem Medizinethiker Eckhard Nagel über die Grenzen der Künstlichen Intelligenz in der Medizin, FAS vom 08.04.2018.

30 Zitiert nach Norbert Demuth, Künstliche Intelligenz bestimmt zunehmend den Alltag, KNA vom 13.07.2017.

31 Wolfram Henn, Wehe, die Computer sagen einmal „ich", FAZ vom 25.06.2018.

32 Joachim Hertzberg, Künstliche Intelligenz – Was Maschinen (derzeit) können und was nicht, epd-Dokumentation 12 (2018), S. 10–18, S. 17.

33 Christoph Kucklick, Die granulare Gesellschaft. Wie das Digitale unsere Wirklichkeit auflöst, 2. Aufl., Berlin 2015, S. 19.

34 „Mädels, lernt coden!", Interview mit Joanne Hannaford, FAS vom 08.04.2018.

35 Spiegel-Gespräch: „Ich bin einfach Optimist", Spiegel 43/2015. Siehe hierzu auch Thomas Schulz, Was Google wirklich will, München 2015, S. 70.

36 Bettina Weiguny, Fürchtet euch nicht! Sieben Lektionen von Jack Ma, wie wir uns für die Zukunft wappnen, FAS vom 10.06.2018.

37 Bernhard Dressler, Mündige Bürger brauchen Reflexionswissen, FAZ vom 13.09.2012.

38 Sie stehen nackt vor dem Smartphone. Interview mit Sam Wineburg, FAS vom 29.04.2018.

39 Zitat bei Jaron Lanier (wie Anm. 19), S. 15.

40 Digitale Werteordnung. Interview mit Caja Thimm, Forschung & Lehre 12/2017.

41 Zitiert nach: Luther zum Vergnügen. „Wir sollen Menschen und nicht Gott sein". Hg. v. Johannes Schilling, Stuttgart 2008, S. 36.

42 Philipp Alvares de Souza Soares / Eva Müller, Die Rattenfänger von Digitalien, manager magazin, Februar 2018.

43 Yuval Noah Harari, Homo Deus. Eine Geschichte von Morgen, München 2017, S. 507.

44 Deutscher Ethikrat, Big Data und Gesundheit. Datensouveränität als informationelle Freiheitsgestaltung. Stellungnahme. Kurzfassung, 2017. https://www.ethikrat.org/fileadmin/Publikationen/Stellungnahmen/deutsch/stellungnahme-big-data-und-gesundheit-kurzfassung.pdf, S. 31 (zuletzt abgerufen am 12.06.2018).

45 Siehe Anm. 1.

46 Siehe hierzu Steffen Lange / Tilmann Santarius, Smarte grüne Welt? Digitalisierung zwischen Überwachung, Konsum und Nachhaltigkeit, München 2018, S. 123.

47 Der Soziologe Ulrich Beck im Gespräch: Digitaler Weltstaat oder digitaler Humanismus?, FAZ vom 20.7.2013.